安徽财经大学服务安徽经济社会发展系列研究报告 2018

安徽财政发展研究报告 2018

罗鸣令　储德银　等著

合肥工业大学出版社

图书在版编目(CIP)数据

安徽财政发展研究报告 2018/罗鸣令,储德银等著 .—合肥:合肥工业大学出版社,2018.6

(安徽财经大学服务安徽经济社会发展系列研究报告 2018)

ISBN 978-7-5650-4006-1

Ⅰ.①安… Ⅱ.①罗…②储… Ⅲ.①地方财政—研究报告—安徽—2018 Ⅳ.①F812.754

中国版本图书馆 CIP 数据核字(2018)第 109111 号

安徽财政发展研究报告 2018

罗鸣令 储德银 等著 责任编辑 陆向军 何恩情

出 版	合肥工业大学出版社	版 次	2018 年 6 月第 1 版
地 址	合肥市屯溪路 193 号	印 次	2018 年 6 月第 1 次印刷
邮 编	230009	开 本	710 毫米×1010 毫米 1/16
电 话	综合编辑部:0551-62903028	印 张	11.75
	市场营销部:0551-62903198	字 数	180 千字
网 址	www.hfutpress.com.cn	印 刷	合肥现代印务有限公司
E-mail	hfutpress@163.com	发 行	全国新华书店

ISBN 978-7-5650-4006-1 定价:33.00 元

安徽财经大学科研工作始终坚持立足安徽做学问、服务安徽出成果，特别重视立足地方和行业需求构建多层次智库平台。安徽经济发展研究院是安徽财经大学设立的研究安徽经济社会发展的专门机构，拥有安徽省人文社科重点研究基地、省级协同创新中心、省教育厅智库和安徽省重点智库四个省级科研平台。这些平台在优化资源配置、聚合科研力量，鼓励和引导教师围绕安徽省委省政府的重大发展战略选题，深入研究安徽经济社会发展中的重点、热点和难点问题，着力破解制约安徽地方经济社会发展的重大理论和现实问题，为建设特色鲜明的地方高水平财经大学提供了有益的智力支持，取得了较为丰硕的成果并积累了丰富的经验。安徽经济社会发展研究院努力实现在安徽经济发展方面的理论基础、政策研究与实践应用的紧密结合，把安徽经济社会发展研究院打造成为立足安徽、面向全国的财经智库。

安徽财经大学每年出版的服务安徽经济社会发展系列研究报告是由安徽经济社会发展研究院组织相关学院的专兼职研究人员编写的。我校 2006 年公开出版服务安徽经济社会发展的首部研究报告——《安徽经济发展报告》，2007 年《安徽省县域经济竞争力报告》发布，2010 年《安徽省贸易发展研究报告》出版，形成我校服务安徽经济社会发展的三大品牌报告。至 2018 年，年度研究报告增至 10 多部，主要包括：《安徽经济发展研究报告》《安徽县域经济竞争力研究报告》《安徽贸易发展研究报告》《安徽财政发展研究报告》《安徽投资发展研究报告》《安徽文化产业发展报告》《安徽城市发展研究报告》《安徽乡村振兴战略研究报告》《安徽农村普惠金融发展研究报告》《安徽劳动就业和社会保障发展研究报告》《安徽生态文明建设发展报告》《安徽养老服务发展报告》等。

服务安徽经济社会发展系列研究报告坚持稳定、控制数量，不断提升质量的指导思想，通过进入退出机制、激励机制、分级分类机制、合作机制、运行机制、评价机制和发布机制的改革，政策影响力和媒体影响力日益扩大。2016 年，研究院成功入围中国智库索引首批来源智库，并获大学智库指数排名中普通高校第一名。根据《中国智库索引（CTTI）2017 年发展报告》，我校进入大学智库指数 Top50 高校，其中安徽经济社会发展研究院排名第 25 位，安徽经济预警运行与战略协同创新中心排名第 32 位。

纵观这十多部研究报告可以看出，报告的组织者与撰写者都付出了辛勤的劳动和不懈的努力。当然，我们也清醒地认识到，报告也还存在这样或那样的缺点，与政府部门领导和社会各界对我们的希望还有相当大的差距，学校应当在智库建设方面做得更多、更好。我们坚信，只要坚持走下去，只要继续得到社会各界的关心和帮助，系列研究报告一定会越做越好！学校的智库建设也将结出更多的硕果！

安徽财经大学校长　丁忠明

2018 年 4 月 20 日

前言

《安徽财政发展研究报告（2018）》是安徽财经大学服务地方经济社会发展系列研究报告之一。本报告根据安徽省财税部门、宏观经济管理部门和统计机构发布的经济社会运行数据和工作情况介绍等相关资料撰写，力图对安徽财政、税收以及其他财税热点进行宏观考察和分析，全方位揭示“十三五”开篇之年安徽财政收支规模状况、结构特点；选取关乎安徽财政发展的精准扶贫、地方政府债券管理、可持续性发展领域中的PPP模式研究、税收质量报告等若干重大问题，进行专题性研究和探讨，为促进安徽财政的进一步发展和完善提供政策参考和咨政建议。

2017年，全省上下坚持以习近平新时代中国特色社会主义思想为指导，全面贯彻落实党的十八大、十九大精神和习近平总书记视察安徽重要讲话精神，以实施五大发展行动计划为主线，践行新发展理念，加强财政支出结构优化调整，增强收入筹集能力。

财政收入呈现稳步增长态势，财政收入增长进入“新时代”模式。2017年，安徽省财政总收入完成4858亿元，比2015年增长21.1%，比2010年增长94.4%。其中，地方财政收入2812亿元，比上年同期增长7.9%；税收收入3949亿元，增长12.9%。就地方财政收入而言，除6月和10月外，其他月份同期增长率均保持个位数增长，且增长速度较低，1月还出现了负增长。分季度来看，第四季度整体保持增长态势，第二季度各月增速波动过大。

财政支出结构优化，支出进入“新时代”。2017年，安徽省主动适应经济发展新常态，坚持改革开放，坚持稳中求进工作总基调，着力转方式、补短板、防风险、促开放，着力提高经济发展质量和效益，着力保障和改善基本民生，加快财税体制改革，优化财政支出结构。2017年，全省一般公共预算支出6202亿元，比上年增加679亿元，增长12.3%。

持续助力精准脱贫攻坚。2017年底，安徽贫困人口由2012年的679.1万人降至120.2万人，贫困人口绝对规模降低82%，贫困发生率由12.6%下降到2.2%，为实现“2018年实现70万人以上贫困人口脱贫、700个以上贫困村出列、10个国家级和8个省级贫困县摘帽”目标打下了坚实基础。2018年，安徽财政将持续发力贫困地区、贫困人口，全面贯彻落实党的十九大关于脱贫攻坚新部署新要求，坚持精准扶贫、精准脱贫，按照“七个不落、一个不少”工作要求，真正下足“绣花”功夫，全面完成脱贫攻坚任务。

广泛推行PPP模式。严格遵循财政部《关于规范政府和社会资本合作（PPP）综合信息平台项目库管理的通知》，规范PPP项目库管理。2017年，安徽省纳入财政部PPP项目管理库的项目超过250项，投资额达到2629亿元，落地数173个，落地率达到69%。PPP项目在安徽省市政工程、交通运输、生态建设和环境保护、城镇综合开发等领域开花结果，在阜阳市、安庆市、宿州市等地市广泛运用。

地方政府发行债券标志着发行管理迈入新时代。从2015年新《预算法》允许地方政府发行债券之后，2015年到2017年，安徽省累计发行地方政府债券总规模4515.5亿元。2017年，安徽省共发行地方政府债券1462.1亿元，从债券性质看，一般债券645亿元，专项债券817.1亿元。从债券使用方向看，新增债券687.9亿元，置换债券

774.2亿元。从实践中可以看出，地方政府债券的发行，对规范地方政府举债融资机制、缓解地方财政压力、控制地方政府债务的规模、化解地方执法债务风险、完善配套制度、处理存量债务以及在建项目持续性融资都起到了积极的作用。

加强税收收入质量管理。2011—2016年，安徽省税收收入总体绝对数值为上升趋势，从历年的税收收入情况可以看出，税收收入一直有所增长，税收增长率持续下降，截至2016年，税收增长率下降到3.20％。2016年共计完成税收收入18575281万元，同比增收576359万元，增长3.20％，增幅相对较低。从结构性减税到深化财税体制改革，减税的基调一直未变，安徽省切实落实国家政策，给企业和人民释放减税红利，用实际行动促进安徽省经济发展。从地区宏观税负变动率来看，2012年的税收宏观税负变动速度大于2011年，之后变动速度逐年递减，2016年为－5.87％。主要原因是随着“营改增”的持续推进，“营改增”减税效应凸显，从而使地方总体的税收负担水平降低。

《安徽财政发展研究报告（2018）》由罗鸣令、储德银担任主编。参与编写的人员有：储德银、余红艳（第一章），李冬梅（第二章），罗鸣令、吴欣（第三章），杨彤、杨晓姝（第四章），郑洁（第五章），崔志坤（第六章）。全书由罗鸣令、储德银进行修改统稿。在本书写作过程中，安徽财经大学分管领导、安徽经济社会发展研究院和学校科研处领导给予了大力支持，校内专家和财税部门专家为书稿的完善提出了宝贵的意见和建议。本研究项目还得到安徽省财政、税务系统有关领导的关注和支持，合肥工业大学出版社为本书出版做了大量的工作，在此一并致谢！

作　者

2018年6月

目录

第一章　安徽财政收入分析

面对严峻的经济形势，2016—2017 年全省上下坚持以习近平新时代中国特色社会主义思想为指导，全面贯彻落实党的十八大、十九大精神和习近平总书记视察安徽重要讲话精神，以实施“五大发展行动计划”为主线，践行新发展理念，持续深入推进供给侧结构性改革，着力促进实体经济发展，实现经济持续稳定发展。

总体上，2016—2017 年安徽省依然面临经济下行压力和各种风险因素，安徽省各级财政部门按照财政部和省委、省政府关于全面深化财税改革，加快建立现代财税体制的部署要求，以财税收入调控助推重点领域突破，引领带动整体经济结构推进，提高财政配置效率。在中央的制度与政策布局下，安徽省积极推进国税、地税征管体制改革，落实“营改增”试点政策，有序推进各项财税改革，释放财政收入增长和质量提升空间。

第一节　2016—2017 年财政总收入完成回顾

2016 年以来，全省财税工作围绕中央实施的财税改革和政策展开，围绕经济结构调整与转型的经济主线，逐步适应经济发展新趋势，总体财政经济稳定运行。在全面建成小康社会的决胜阶段，全省财政收入增长仍持续保持稳中有进，实现了“收入稳步增长，质量有序提升”的财政收入可持续发展目标。

一、改革开放后安徽省财政总收入概况

改革开放后，全省财政收入呈现逐步增长态势，财政收入总量累

计从 1978 年的 22.5 亿元增加到 2017 年的 4858 亿元，近 40 年增长了 216 倍。其中，1994 年分税制改革后，安徽财政收入开始进入快速增长期，到 2007 年，安徽省财政收入突破 1000 亿元，2010 年上升至 2063.8 亿元，2012 年再度突破 3000 亿元（图 1－1），2017 年全省财政收入达到 4858 亿元，同比增长高达 11%，如图 1－2 所示。

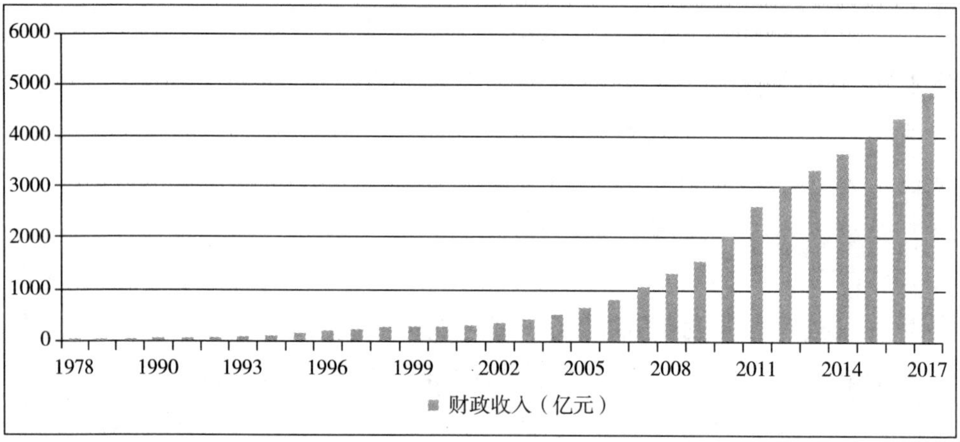

图 1－1　1978—2017 年安徽省财政收入

注：《安徽统计年鉴》中 1979—1990 年之间年份缺失数据未在图中反映。

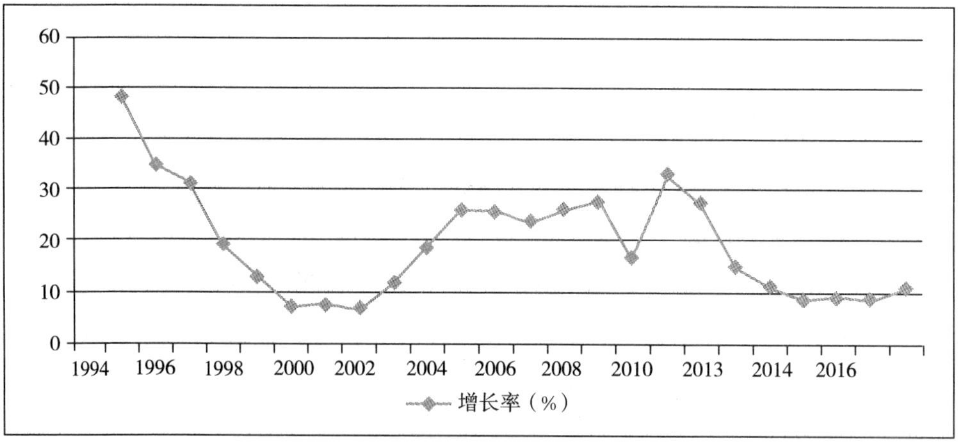

图 1－2　1994—2017 年安徽省财政收入增长率

资料来源：根据历年《安徽统计年鉴》和安徽省统计局网站的相关资料汇总计算整理。

从绝对规模角度分析，1994 年以来，安徽省财政总收入持续增长，并在 2010 年达到 2063.8 亿元，突破 2000 亿元大关，2012 年突破 3000 亿元大关，2015 年突破 4000 亿元。2011—2015 年，财政收入由 2010 年的 2063.8 亿元增加到 2015 年的 4012.1 亿元，增长 94.4%，年均增长 14.2%；到 2017 年末，财政收入增加到 4858 亿元，比 2015 年增长 21.1%。

从相对规模角度分析，1994—2001 年全省财政总收入增长率逐年下降，其中，1999 年之前降幅显著。2002—2004 年财政总收入增长率开始迅速回升，此后一直处于稳步增长状态，2009 年后受国内外经济冲击的影响，财政总收入增长率出现短暂的降幅，2010 年增长速度又再创历史新高，达到 33%。2011 年以后，增速开始大幅度回落，由 2011 年 27.6%骤降至 2012 年 14.9%，2014 年持续降低为 8.9%，继 1999 年后首次出现个位数增长状态，此后一直维持在 10%以下的增速，2015 年增速为 9.5%，2016 年增速为 9%，2017 年增速有所上升，达到 11.1%。

二、1994 年分税制改革后安徽财政收入及增长情况

1994 年分税制后，财政体制红利开始释放，财政收入总量累积显著。从安徽财政收入的绝对指标来看，安徽省财政总收入实现连年增长，其中，中央财政收入和地方财政收入也呈现逐年攀升态势。尽管随着财税体制的不断改革和调整，财政总收入的内部格局也有略微变化，但总体上，中央财政收入占财政总收入的比重相对稳定，大多维持在 40%～45%的区间水平内，2012 年后中央财政收入逐渐回落到 35%左右，地方财政收入占财政总收入比重大多维持在 52%～62%的区间水平内，2002 年实施所得税分享后地方财政收入比重逐年下降，直至 2005 年后又出现逐年回升态势。2012 年后中央财政收入下降到 40%以下，地方财政收入提升，持续占比为 60%以上。2017 年受税收政策与体制因素影响，中央财政收入上升到 42.1%。以上具体情况见表 1 - 1 所列。

表1-1 1994—2017年安徽省财政收入及增长情况

年份	财政收入（亿元）	增长率（%）	中央财政收入			地方财政收入		
			收入（亿元）	增长率（%）	占收入比（%）	收入（亿元）	增长率（%）	占收入比（%）
1994	108.8	48.6	54.1	—	49.7	54.7	—	50.3
1995	147.0	35.2	63.2	16.8	43.0	83.8	53.2	57.0
1996	193.1	31.4	78.5	24.2	40.7	114.6	36.8	59.3
1997	230.8	19.5	90.3	15.0	39.1	140.5	22.6	60.9
1998	262.1	13.5	102.9	14.0	39.3	159.2	13.3	60.7
1999	280.8	7.2	106.6	3.6	37.9	174.3	9.5	62.1
2000	290.4	8.0	111.7	4.8	38.5	178.7	2.5	61.5
2001	309.5	6.6	117.4	5.1	37.9	192.2	7.6	62.1
2002	346.6	12.0	146.4	24.7	42.2	200.2	4.2	57.8
2003	412.3	18.9	191.5	30.8	46.5	220.7	10.2	53.5
2004	520.7	26.3	218.8	14.3	42.0	274.6	24.4	52.7
2005	656.5	26.1	277.0	26.6	42.2	334.0	21.6	50.9
2006	816.5	24.4	329.9	19.1	40.4	428.0	28.1	52.4
2007	1034.7	26.7	424.2	28.6	41.0	543.7	27.0	52.5
2008	1326.0	28.2	527.9	24.4	39.8	724.6	33.3	54.6
2009	1551.3	17.0	618.1	17.1	39.8	863.9	19.2	55.7
2010	2063.8	33.0	831.8	34.6	40.3	1149.4	33.0	55.7
2011	2632.8	27.6	1052.1	26.5	40.0	1463.6	27.3	55.6
2012	3026.0	14.9	1078.2	2.5	35.6	1792.7	22.5	59.2
2013	3365.1	11.2	1142.3	5.9	33.9	2075.1	15.8	61.7
2014	3663.0	8.9	1284.0	12.4	35.1	2218.4	6.9	60.6
2015	4012.1	9.5	1339.3	4.3	33.4	2454.2	10.6	61.2
2016	4373.0	9.0	1700.0	26.9	38.9	2673.0	8.9	61.1
2017	4858.0	11.1	2038.0	19.9	42.1	2812.0	7.9	57.9

注：中央财政收入与地方财政收入均指本级财政收入。2017年中央财政收入是根据安徽统计局网站全部财政收入与地方财政收入相减得到。

资料来源：根据历年《安徽统计年鉴》和安徽统计局网站的相关资料汇总计算整理。

从相对指标来看，安徽省财政收入与 GDP 的变化轨迹体现在三个方面：

第一，增长速度指标，即财政收入增长率与 GDP 增长率的比较分析，直观准确地反映安徽省近几十年来财政总收入的变化。

第二，财政集中度指标，即财政收入占 GDP 的比重。财政收入占 GDP 的比重既可以反映财政的集中度，即在 GDP 初次分配中财政集中的比重，体现政府、企业与居民之间的国民收入分配格局；也可以反映财政能力与经济总量的匹配度，反映财政收入筹集是否做到合理征收，财政在经济总量中的配置比例是否适当。一般来说，随着政府职能的不断健全，财政收入占 GDP 的比重逐步提高，当政府职能趋于完善后，这一指标会基本保持稳定。

第三，弹性，即财政收入对 GDP 的弹性指标。即 GDP 变动一个百分点所带来的财政收入变动百分点数，着力反映财政收入与 GDP 是否同步及协调程度，从弹性的角度可以清楚地了解财政收入变动的经济因素。

整体来看，如图 1－3 所示，1994—2017 年，全省财政总收入增长率基本高于 GDP 增长率水平。1994 年分税制改革后，财政总收入开始出现快速增长，增长率最高达 48.6%，但增长的趋势却呈现下降态

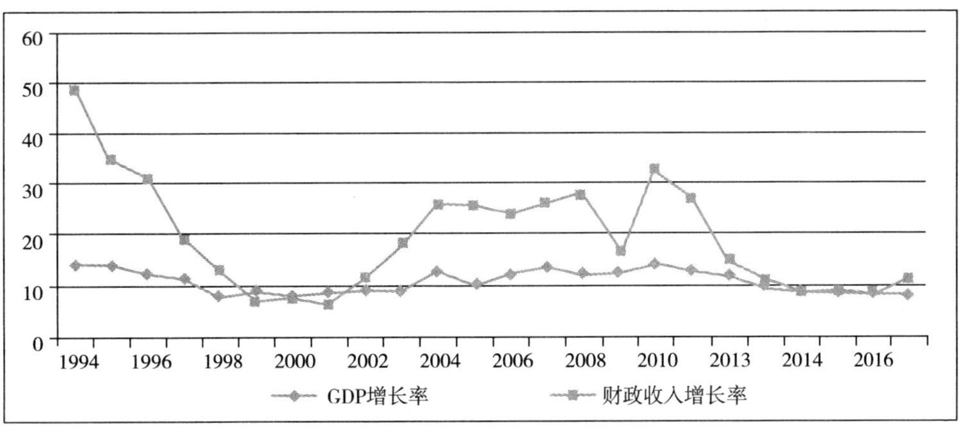

图 1－3　1994—2017 年安徽省财政收入增长率及 GDP 增长率的比较

注：这里的 GDP 增长率＝GDP 指数（上年＝100）－1。

资料来源：根据历年《安徽统计年鉴》和安徽统计局发布的相关资料汇总计算整理。

势。1998年后，受亚洲金融危机的外部影响，财政收入增长放缓，1999—2001年财政收入增长率下降为7.2%、8%和6.6%。2002年经济“软着陆”实现后，安徽省财政总收入增长率开始反弹，由2001年的6.6%稳步上升为2010年33%，显著高于GDP增长率。2010年后，我省经济发展下行压力突出，财政总收入增长速度放缓，两者差距进一步缩小，2012年后，两者的运行轨迹逐渐拟合，甚至出现了财政总收入增长率低于GDP增长率的情况。2014年，财政总收入增长率低于10%，下降为8.9%，2016年，财政总收入同比增长9%，比GDP增速仅高0.3个百分点。2017年两者差距又进一步拉大，相差2.6个百分点。

图1-4分析表明：1994—1998年，全省财政总收入占GDP的比重呈现先逐步上升，2001年和2002年略微下降，2003年又逐渐回升并趋于稳定的状态。2003年比重再次突破10%，2008年已突破15%，2012—2014年，该比重维持在17.5%左右。在过去20多年里，财政总收入占GDP的比重由1994年的7.3%上升到2016年的18.1%，2017年为17.7%，基本稳定在18%左右，安徽省财政能力建设成效显著。

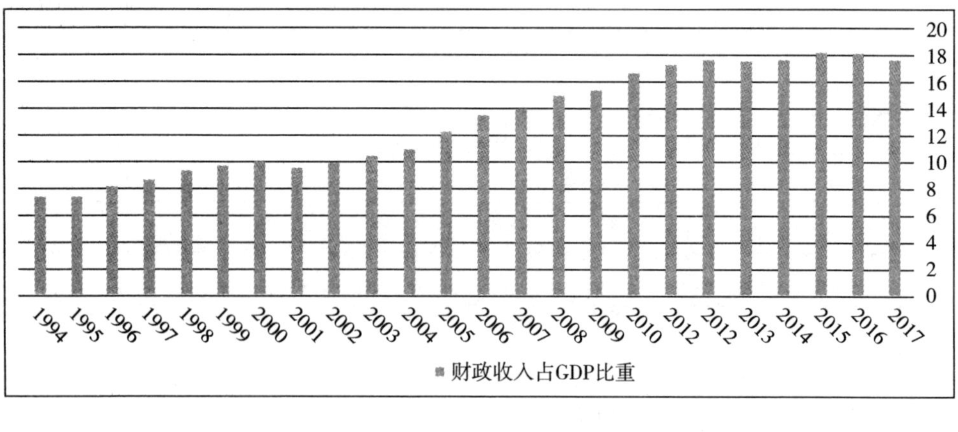

图1-4　1994—2017年安徽省财政收入占GDP比重变化

资料来源：根据历年《安徽统计年鉴》和安徽统计局网站的相关资料汇总计算整理。

从弹性指标的测度来看（图1-5），总体上，全省财政收入对

GDP 的弹性一直大于 1，并围绕 1.5 上下波动。1994 年后，该弹性系数迅速上升，此后虽然出现下降，但 1998 年之前一直维持在 1.5 以上的水平上，1999 年后出现弹性小于 1 的情况，然而这种趋势仅持续到 2001 年，2002 年后又开始上升。2003—2011 年，该弹性系数稳定在 2 左右的水平上，2012 年后呈现稳中有降的趋势。近几年来，该弹性系数围绕 1 上下略微变动，表明全省财政收入的增长变动已经逐渐和经济增长保持了较为稳定的关系。2017 年弹性系数上升为 1.3，反映财政收入增速略高于 GDP 增速。

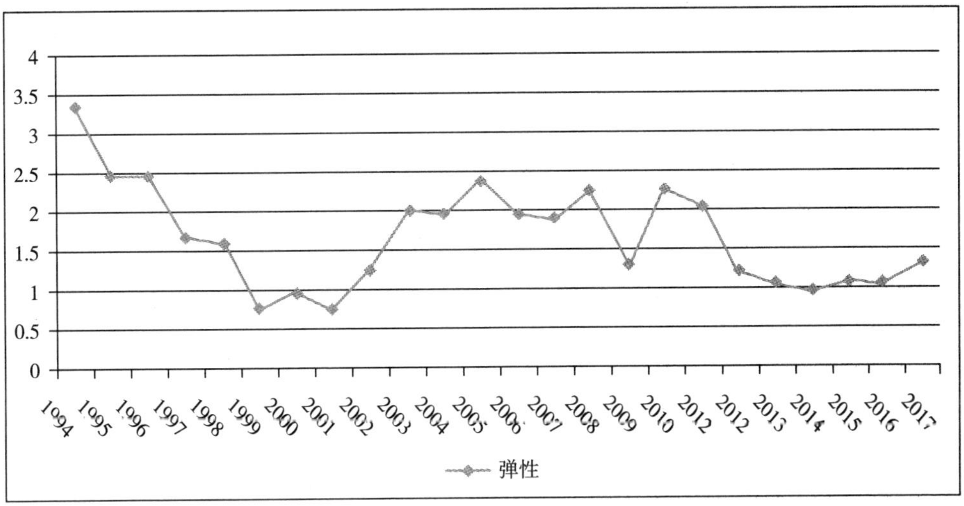

图 1-5　1994—2017 年安徽省财政收入对 GDP 的弹性

资料来源：根据历年《安徽统计年鉴》和安徽统计局网站的相关资料汇总计算整理。

第二节　2016—2017 年地方财政收入规模分析

2016—2017 年，安徽财政收入和经济增长的良性互动正在逐渐形成，得益于经济面调整，财政收入实现了较好的增长态势。地方财政收入规模的适度发展和人均财力的有效增长，为政府公共物品和服务供给提供了重要的保障。另有，区域财政整体向好，县域经济发展形势向好，区域发展的均衡性和协调性增强。

一、2016 年安徽省地方财政收入规模

2016 年，安徽省财政收入累计完成 4373 亿元，比上年同比增长 9%。其中：地方财政收入 2673 亿元，增长 8.9%。全部财政收入中，税收收入 3498 亿元，增长 5.6%，其中增值税和营业税增长 6.6%、企业所得税下降 1.1%。在地方财政收入中，税收总收入 1857.5 亿元，比上期增长 51.6 亿元，增长率为 2.9%；非税总收入 815.3 亿元，比上期增长 160.9 亿元，增长率为 24.6%。

2016 年，财政收入月增长速度呈现波动状态。平均来看，全省财政月均收入规模 222.7 亿元，收入增速与经济增速基本同步，增幅保持在合理区间。地方财政收入中税收占比为 70.1%，较去年有所下降。表 1－2 中的数据显示了 2016 年各月的安徽省地方财政收入及其增长率完成情况。整体来看，同期增长率波动较大，除 2、6、10 月份出现负增长外，其余月份基本保持增长状态，多数月份实现两位数增长，最高同比增幅达到 34.6%，月均增长率达到 9.4%。从季度增长来看，第二和第四季度都表现出较好的增长态势，尤其是第二季度，地方财政收入增长强劲。

表 1－2　2016 年各月安徽省地方财政收入及其增长率

月份	2016 年财政收入（亿元）	2015 年财政收入（亿元）	同期增长额（亿元）	同期增长率（%）
1	331.9	290.0	41.9	14.5
2	186.8	188.0	－1.2	－0.6
3	225.8	193.5	32.3	16.7
4	259.5	230.2	29.3	12.7
5	238.5	205.6	32.9	16.0
6	219.2	228.9	－9.7	－4.2
7	237.2	227.7	9.5	4.2
8	191.5	175.6	15.9	9.1

（续表）

月份	2016 年财政收入（亿元）	2015 年财政收入（亿元）	同期增长额（亿元）	同期增长率（%）
9	214.8	191.6	23.2	12.1
10	205.9	212.7	−6.8	−3.2
11	170.4	168.3	2.1	1.2
12	191.4	142.2	49.2	34.6

资料来源：根据安徽省统计局网站有关数据整理编制。

图 1－6 反映的是 2016 年安徽省地方财政收入同比增长情况。2016 年，累计实现地方财政收入 2673 亿元，比上年同期增长 8.9%。与 2015 年的财政形势不同，2016 年各月同比增长率波动大于 2015 年。在财政运行路径上，2015 年地方财政收入增长高峰集中在第一、第二和第三季度，但是，2016 年增长高峰集中在第二、第三、第四季度，且第二季度增长较 2015 年形势也更为乐观，直观地反映出安徽地方财政收入逐渐适应了经济发展的基本轨迹，并做出了积极应对的调整，取得了一定的成效，收入增长轨迹大体符合经济发展的速度，总量呈现稳定态势。

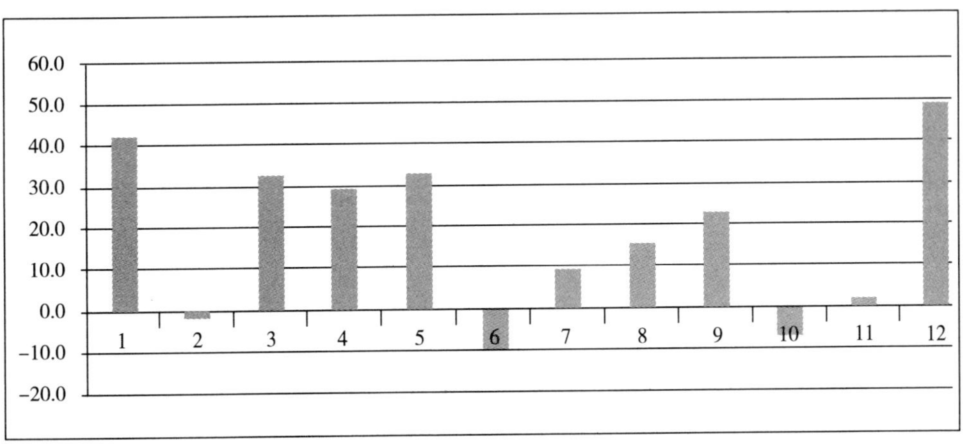

图 1－6　2016 年安徽省地方财政收入同比增长情况

资料来源：根据安徽省财政厅和安徽省统计局网站有关数据整理编制。

二、2017 年安徽省地方财政收入规模

2017 年，安徽省财政收入完成 4858 亿元，比上年增长 11.1%，其中地方财政收入 2812 亿元，比上年同期增长 7.9%。全部财政收入中，税收收入 3949 亿元，增长 12.9%。其中，增值税和营业税增长 9.5%，企业所得税增长 18.4%。在地方财政收入中，1—12 月份税收收入累计完成 1970.3 亿元，比上年同期增长 6.1%。非税总收入累计完成 841.8 亿元，比上年同期增长 3.3%。

表 1-3 中的数据显示了 2017 年 1—12 月安徽省地方财政收入及其增长情况。整体来看，2017 年地方财政收入增长较 2016 年有下滑趋势。除 6 月和 10 月份外，其他月份同期增长率基本保持个位数增长，且增长速度较低，1 月还出现了负增长。分季度来看，第四季度整体保持增长态势，第二季度各月增速波动过大。归纳而言，地方财政收入的总体规模渐趋稳定。

表 1-3 2017 年 1—12 月安徽省地方财政收入及其增长情况

月份	2017 年地方财政收入（亿元）	2016 年地方财政收入（亿元）	同期增长额（亿元）	同期增长率（%）
1	296.2	331.9	−35.7	−10.8
2	190.8	186.8	4.0	2.2
3	246.2	225.8	20.4	9.0
4	264.3	259.5	4.8	1.8
5	245.9	238.5	7.4	3.1
6	271.2	219.2	5.2	23.7
7	252.9	237.2	15.7	6.6
8	200.9	191.5	9.4	4.9
9	221.5	214.8	6.7	3.1
10	234.7	205.9	28.8	14.0
11	184.4	170.4	14.0	8.2
12	203.6	191.4	12.2	6.4

资料来源：根据安徽省财政厅和安徽省统计局网站有关数据整理编制。

图 1-7 反映的是 2017 年安徽省地方财政收入同比增长情况。累计来看，其中 1—12 月份地方财政收入 2812 亿元，比上年同期增长 7.9%，我省地方财政收入总体规模呈现向稳态势，增速放缓，随着经济结构调整渐入“深入区”，财政常态特征越发明朗化。

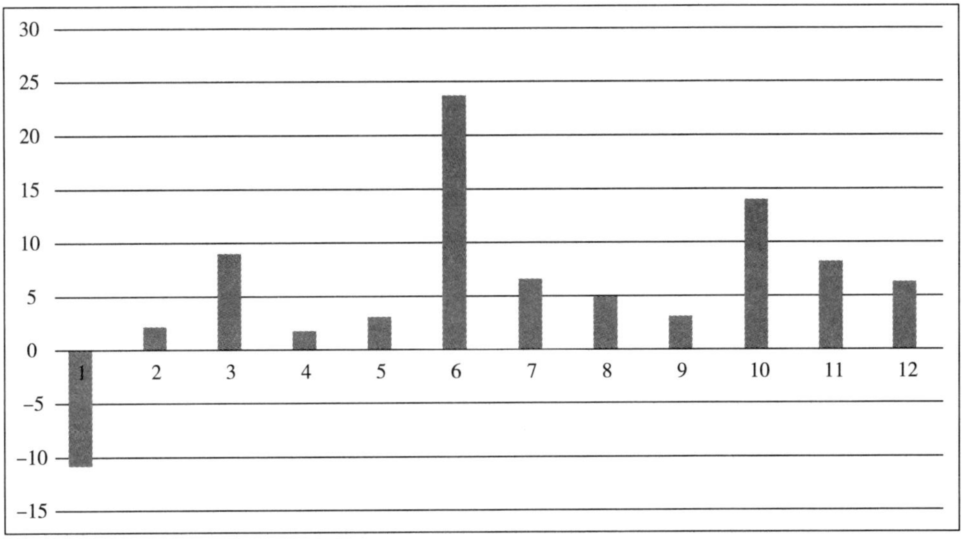

图 1-7　2017 年安徽省地方财政收入同比增长情况

资料来源：根据安徽省财政厅和安徽省统计局网站有关数据整理编制。

表 1-4 反映的是 2017 年安徽各市全部财政收入的同期增长情况。整体来看，所有地市的全部财政收入均呈现明显的增长状态，合肥、亳州、宿州、六安、阜阳和滁州的同期增长率连续两年都维持在 10% 以上。与 2016 年相比，2017 年 1—12 月两个地市的全部财政收入同期增长率呈现下降趋势，其中，池州下降趋势最为明显，同期增长率下降 2.5 个百分点。有 13 个地市的增长幅度较 2016 年呈现上升的态势，且同期增速比较相差较大，其中，淮北的增幅最为显著，同期增长率比上年提高 15.2 个百分点。不同地市的财政收入增长状况取决于不同的经济结构布局，在经济全面转型的现实背景下，伴随着税制改革的推进，各地市财源建设也各具差异。

表 1-4　2017 年安徽省各市全部财政收入

地区	1—12 月全部财政收入（亿元）	比上年同期增长率（%）	上年同期增幅（%）	同期增速比较
全省	4858.0	11.1	9.0	2.1
合肥	1251.1	12.3	11.4	0.9
淮北	107.6	15.3	0.1	15.2
亳州	170.9	16.0	13.2	2.8
宿州	156.5	11.9	11.3	0.6
蚌埠	274.5	9.3	10.0	－0.7
阜阳	277.1	22.6	13.0	9.6
淮南	162.3	7.5	6.5	1.0
滁州	289.3	12.8	11.3	1.5
六安	184.1	20.1	10.0	10.1
马鞍山	245.3	10.1	6.1	4.0
芜湖	558.4	9.0	9.0	0.0
宣城	220.2	8.8	7.1	1.7
铜陵	167.8	9.1	5.0	4.1
池州	102.1	2.0	4.5	－2.5
安庆	290.9	8.7	8.2	0.5
黄山	105.9	7.0	4.5	2.5

资料来源：安徽省财政厅和安徽省统计局网站有关数据整理编制。

表 1-5 反映的是 2017 年 1—12 月全省各市地方财政收入的同期增长情况。整体来看，除铜陵、池州、安庆和黄山外，其他地市的地方财政收入均呈现明显地增长态势，六安的增长趋势最为显著。2017 年受“营改增”后的体制调整影响，各地地方财政收入有所变动，较以往有所不同。

表 1-5　2017 年安徽省各市地方财政收入

地区	1—12 月地方财政收入（亿元）	比上年同期增长率（%）
全省	2812	7.9
合肥	655.9	6.7
淮北	60.5	2.3

（续表）

地区	1—12 月地方财政收入（亿元）	比上年同期增长率（%）
亳州	94.6	8.6
宿州	100.1	4.7
蚌埠	141.1	5.4
阜阳	157.6	18.1
淮南	101.3	4.0
滁州	182.5	9.1
六安	112.8	14.8
马鞍山	—	—
芜湖	311.2	4.2
宣城	143	2.6
铜陵	77.3	−4.2
池州	65.2	−8.8
安庆	121.0	−5.5
黄山	75.2	−0.8

资料来源：安徽省财政厅和安徽省统计局网站有关数据整理编制，其中马鞍山市的 2017 年国民经济和社会发展统计公报没有公布地方财政收入数据。

三、安徽省各地市地方财政收入及人均地方财政收入

为了直观地衡量并反映安徽省各地市财政收入的基本情况，政府财政收入指标的选择既可以是总量指标，也可以选择人均指标。总量指标主要体现为各地方政府聚集财政收入的整体能力；人均指标是在结合本地区人口状况的基础上，判断人均公共物品供给能力的大小。鉴于此，利用更加科学的指标体系，进而对经济运行质量进行更为真实准确的衡量、评价，正确认识各地市地方财政收入以及人均地方财政收入的差异状况显得极为重要。同时，从安徽省各地市财政收入的发展布局来看，市级层面的财政收入与县级层面的财政收入度量同样重要。

表 1 - 6 列出了 2016 年安徽省各地市地方财政收入及人均地方财政收入。整体来看，区域财政布局基本没有变化。合肥市地方财政收入依旧位居安徽省之首，遥遥领先其他城市，芜湖市次之，滁州市、

马鞍山市、宣城市依次紧跟其后，并均破百亿元。图 1－8 描述的是 2016 年安徽省地方财政收入的构成情况，即各市地方财政收入具体占比，其中，合肥市地方财政收入占比达到 28%。

表 1－6　2016 年安徽省各地市地方财政收入及人均地方财政收入

地区	地方财政收入（亿元）	人均地方财政收入（元）	人均生产总值（元）
合肥市	614.8	7813.6	80138
淮北市	59.2	2680.1	36427
亳州市	87.0	1705.0	20611
宿州市	95.6	1707.9	24270
蚌埠市	133.9	4019.2	41855
阜阳市	133.3	1670.0	17642
淮南市	97.4	2819.6	27990
滁州市	167.3	4137.1	35302
六安市	98.3	2059.1	23298
马鞍山市	140.3	6165.2	65833
芜湖市	298.7	8139.4	73715
宣城市	139.3	5356.5	40740
铜陵市	80.7	5041.9	59960
池州市	71.5	4951.7	40919
安庆市	128.0	2775.2	33294
黄山市	75.8	5496.4	41905

资料来源：根据《2017 年安徽省统计年鉴》、安徽省财政厅和安徽省统计局网站有关数据整理编制。

2016 年安徽省各市人均地方财政收入情况（图 1－9）显示：分区域来看，皖南地区人均地方财政收入一般高于皖北，皖南区域中黄山市、宣城市、芜湖市、池州市和马鞍山市平均人均财政收入达到 6021.8 元，在一定程度上说明皖北地区的财政能力和经济发展水平相对薄弱，安徽省地方财源建设区域非均衡性特征显著。

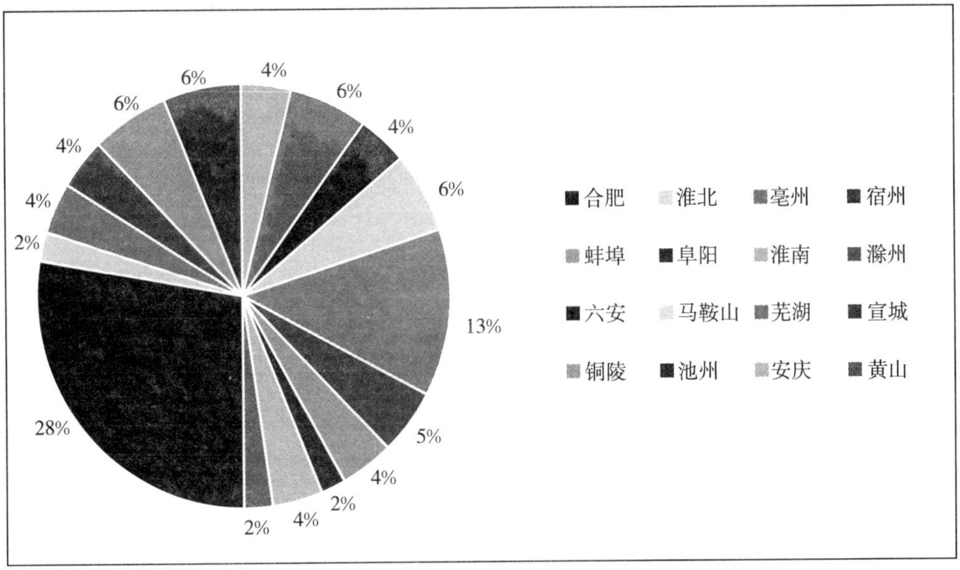

图 1-8 2016 年安徽省地方财政收入的构成情况

资料来源：《2017 年安徽省统计年鉴》。

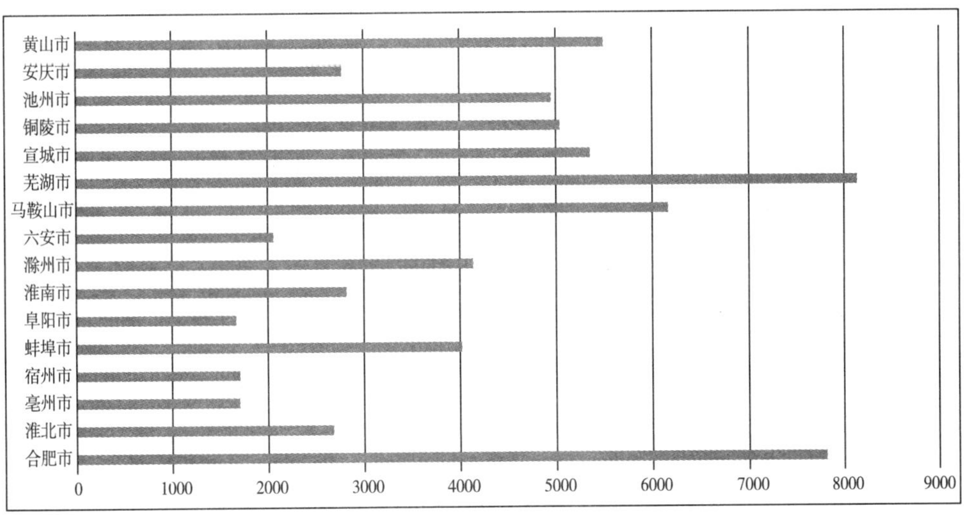

图 1-9 2016 年安徽省各市人均地方财政收入

资料来源：根据《2017 年安徽省统计年鉴》和安徽省统计局网站有关数据整理编制。

从各市情况来看，芜湖市、合肥市人均地方财政收入分列安徽省第一、第二位。其中变化比较大的是铜陵市，2016 年，铜陵市地方财政收入 80.7 亿元，位列安徽省第十三位，但人均地方财政收入却很高，以 5041.9 元位居第六位。相比而言，阜阳市的地方财政收入虽已破百亿元，但受其人口数量影响，人均地方财政收入仅为 1670 元，2000 元以下的还有亳州和宿州市。

表 1－7 反映了 2016 年安徽省各县财政收入增长率（10％以上）及排名情况，16 个县域财政收入增长率超过 10％，相比 2015 年下降了一半多，表明安徽县域财政增长后劲不足，但增长趋势呈现“梯度状态”。其中，30％以上的增长率有 2 个，萧县的财政收入增长率高达 38.7％，全椒县以 32.6％位列安徽省第二位。20％～30％增长区间的有 4 个，即凤台、太和、肥东和临泉。15％～20％之间的有 1 个县域，10％～15％增长区间的有 9 个。

表 1－7　2016 年安徽省各县财政收入增长率（10％以上）及排名情况

地区	财政收入增长率（％）	排名	地区	财政收入增长率（％）	排名
萧县	38.7	1	阜南县	14.2	9
全椒县	32.6	2	无为县	13.5	10
凤台县	27.1	3	金寨县	13.5	11
太和县	27.1	4	肥西县	12.6	12
肥东县	26.0	5	太湖县	12.4	13
临泉县	25.6	6	休宁县	11.6	14
长丰县	19.6	7	广德县	10.2	15
砀山县	14.3	8	怀宁县	10.0	16

资料来源：《2017 年安徽省统计年鉴》中各县市财政收入表整理得来。

注：表中排名的前后顺序是依照财政收入增长率的排名，从高到低排列。

由表 1－8 可见，2016 年安徽省县域财政收入超过 10 亿元的有 35 个，反映各县域财政收入的总体实力较强，肥西县和繁昌县位居第一和第二，其财政收入分别为 42.1 亿元和 33.7 亿元。20～30 亿元之间的有 5 个县，15～20 亿元之间有 12 个县。

表 1-8　2016 年安徽省县域财政收入（超过 10 亿元）及排名情况

地区	财政收入（亿元）	排名	地区	财政收入（亿元）	排名
肥西县	42.1	1	全椒县	16.3	19
繁昌县	33.7	2	濉溪县	16.1	20
长丰县	33.3	3	萧县	15.7	21
肥东县	31.7	4	蒙城县	15.5	22
当涂县	30.3	5	定远县	14.5	23
芜湖县	28.0	6	来安县	13.3	24
无为县	24.8	7	怀宁县	12.5	25
凤台县	23.8	8	五河县	12.1	26
广德县	23.4	9	泾县	12.1	27
太和县	20.4	10	歙县	11.9	28
南陵县	19.4	11	涡阳县	11.9	29
凤阳县	18.7	12	霍邱县	11.7	30
怀远县	18.3	13	利辛县	11.7	31
郎溪县	17.9	14	舒城县	11.2	32
巢湖市	17.8	15	含山县	10.8	33
庐江县	17.5	16	青阳县	10.8	34
颍上县	16.7	17	固镇县	10.7	35
和县	16.4	18	—	—	—

资料来源：《2017 年安徽省统计年鉴》中各县市财政收入表整理得来。

表 1-9 反映 2016 年安徽省各县人均财政收入（超过 2000 元）及排名情况，人均财政收入 2000 元以上的县有 27 个，其中，芜湖县人均财政收入位列榜首，高达 9308.3 元；最低的是东至县，人均财政收入以 2026.7 元位列第 27 位，两者差距极为显著。在 27 个县域中，3000 元以下的有 9 个，3000～4000 元之间有 8 个，4000～10000 元之间的有 10 个。

表 1-9　2016 年安徽省各县人均财政收入（超过 2000 元）及排名情况

地区	财政收入（元）	排名	地区	财政收入（元）	排名
芜湖县	9308.3	1	郎溪县	3375.3	15
广德县	7236.0	2	休宁县	3270.6	16
当涂县	6512.3	3	无为县	3234.6	17
肥西县	5549.8	4	来安县	3014.6	18
繁昌县	5482.7	5	歙县	2878.5	19
长丰县	5112.0	6	凤阳县	2811.2	20
天长市	4577.1	7	含山县	2786.8	21
黟县	4398.4	8	霍山县	2607.9	22
青阳县	4319.7	9	泾县	2596.9	23
全椒县	4114.9	10	巢湖市	2264.3	24
肥东县	3597.3	11	怀宁县	2086.2	25
祁门县	3547.7	12	五河县	2071.1	26
和县	3470.2	13	东至县	2026.7	27
凤台县	3428.5	14			

资料来源：《2017 年安徽省统计年鉴》中各县市财政收入表整理得来。

第三节　2016—2017 年地方财政收入结构分析

一、中央财政收入与地方财政收入

1994 年的中国分税制改革开启了纵向政府间收入划分的新篇章，遵循分税原则，我国总体建立了中央税、地方税和中央地方共享税的分税格局，并初步完善中央税收和地方税收体系，实行分税、分征和分管的制度模式。分税制改革后，安徽省在中央统一领导下有效推进各项财税制度改革，动态调整央、地两级财政收入，随着税收政策的逐步优化和重大税制改革的积极推进（表 1-10），如所得税分享改革、个别税种分享比例调整、出口退税负担机制改革、成品油税费改革、

“营改增”及房地产改革，分税分成框架下安徽央、地两级的财政收入布局也处于变化之中。

表 1－10　分税制改革后重大财税体制改革进程

时间	改革对象	主要的调整内容
1994 年	分税制改革	中央税、地方税；出口退税除地方已经负担的 20%部分外，以后全部由中央财政负担；共享收入（增值税）等
2002—2003 年	所得税分享改革	中央与地方分成（50∶50）（2002 年）； 分成比例（50∶50⟶60∶40）（2003 年后）
2003—2005 年	出口退税负担机制改革	调整出口退税率（2003 年）；中央和地方的超基数分成（75∶25）（2004 年）；超基数分成（92.5∶7.5）（2005 年）
2005—2011 年	个人所得税	免征额 1600 元（2006 年）⟶2000 元（2008 年）⟶3500 元（2011 年）；税率档次（9⟶7）（2011 年起）
2006—2009 年	消费税	部分税目税率（2006 年）；汽车消费税改革（2008 年）；成品油消费税改革（2009 年）；烟产品消费税改革（2009 年）
2012 年	跨省市总分机构企业所得税分配	总机构、各分支机构分享比例为 25%、50%，25%各地按一定标准分配
2012—2014 年	“营改增”	上海试点（“1＋6”）（2012 年）；全国试点（“1＋7”）（2013 年）； 铁路运输、邮政服务业和电信业试点（“2＋7”⟶3＋7”）（2014 年）
2016 年	“营改增”试点后中央与地方增值税收入划分	5 月 1 日全面推开《营改增试点后调整中央与地方增值税收入划分过渡方案》，明确以 2014 年为基数核定中央返还和地方上缴基数，所有行业企业缴纳的增值税均纳入中央和地方共享范围，中央分享增值税的 50%，地方按税收缴纳地分享增值税的 50%，过渡期暂定 2 年至 3 年
2017 年	13%的增值税率简并为 11%	纳税人销售或进口下列货物，税率为 11%：农产品（含粮食）、自来水、暖气、石油液化气、天然气、食用植物油、冷气、热水、煤气、居民用煤炭制品、食用盐、农机、饲料、农药、农膜、化肥、沼气、二甲醚、图书、报纸、杂志、音像制品、电子出版物

资料来源：根据财政部网站的相关数据整理得来。

理论上，中央与地方财政关系的调整直接关系到地方财政筹划问题。地方的财政收入是财政支出的重要资金来源，是实现地方政府职能的根本保证，更是地方经济文化建设、科学、国防、行政、外交等各项经费的供给保障；在支援老少边穷地区、调节各级地方预算和救济地方重大自然灾害等方面，也发挥着不可替代的作用。地方财政收入与中央财政收入相对应，是指地方财政年度收入，包括地方本级收入、中央税收返还和转移支付。

1994 年税制改革以来我省中央和地方财政收入划分情况见表 1－10 所列。为了对财政收入划分情况有一个更直观的了解，如图 1－10 所示。

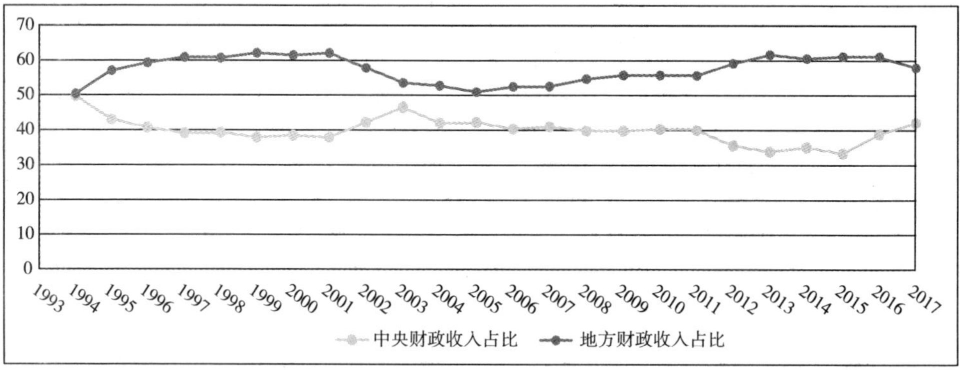

图 1－10　1994—2017 年安徽财政收入中中央和地方占比

资料来源：《2017 年安徽省统计年鉴》和安徽省统计局网站的相关数据整理得来。

1994 年分税制改革以来，中央和地方财政收入实现连年递增目标，总体上较为稳定，其中，中央财政收入占比在 40％上下波动；地方财政收入占比在 55％上下波动，2013—2016 年均突破了 60％，2017 年有所降低，下降了 3.2 个百分点。

二、安徽省地方财政收入结构

地方财政收入按征收形式划分，主要包括税收收入和非税收入两部分。关于税收收入与非税收入的结构分析主要涉及三个重要的方面：一是合理配置税收收入与非税收入，税收收入是规范税种所形成的具有合理经济预期的财政收入形式，而非税收入则是受益原则导向下具有灵活性的收入形式，如何取舍取决于地方经济发展及其财政的治税理念。二是要从各税种布局出发，着力探究税收收入的内部结构配置问题。三是判断非税收入的内部结构布局是否具有合理性。

分析安徽省地方财政收入结构特征是优化收入结构的前提。安徽地方财政收入结构反映了安徽财政资金的不同来源、规模和所采取的不同形式，同时也反映了一定时期内财政收入政策调节的目标、重点和力度。将地方财政收入作为整体结构来分析，一方面把握各种财政收入来源之间的有机联系，使它们保持恰当的比例关系，推进财政收入结构优化；一方面也便于有的放矢地加强财政收入的宏观调节，实现利益的兼顾分配，以促进经济发展。

1994 年分税制改革后，地方税收收入主要包括营业税（不含铁道部门、各银行总行、各保险公司总公司集中交纳的营业税）、城市维护建设税（不含铁道部门、各银行总行、各保险公司总公司集中交纳的部分）、房产税、城镇土地使用税、车船税、契税、土地增值税、印花税、耕地占用税等税种。除此之外，资源税中海洋石油企业缴纳的部分归中央政府，其余部分归地方政府；增值税除进口环节由海关负责征收的以外，25％的增值税属于地方政府；所得税中除铁路运输、国家邮政、四大国有商业银行、三家政策性银行、中石化及中海油等企业缴纳的之外，40％的所得税划归地方政府；证券交易印花税的 3％划归地方政府。其后，见表 1－10 所列，由于财政体制的局部改革，地方税收收入的税种布局也发生了重要的变化。最为突出的表现是“营改增”全面推行后增值税作为共享税的主要税种作用再度加强。

非税收入是地方政府财政收入的重要组成部分，是除税收以外，由各级政府、国家机关、事业单位、代行政府职能的社会团体及其他组织依法利用政府权力、政府信誉、国家资源、国有资产或提供特定公共服务、准公共服务取得的财政性资金。主要包括政府型基金、专项收入、行政事业性收费、罚没收入、国有资本经营收益、国有资产（资源）有偿使用收入和其他收入（捐赠等）。另外彩票公益金收入也是非税收入管理范畴。

（一）2016—2017 年安徽省地方财政收入结构

1994 年分税制改革以来，在安徽省地方财政收入中，税收收入和非税收入总量逐年递增。1999 年后，全省财政部门预算、国库集中支付制度、收支“两条线”等预算管理规范化程度不断提高，尤其是 2003 年后收入完整性和透明化进程加快，各项非税收入逐步进入财政视野，这也是非税收入比重提升的重要内因。尽管如此，税收收入始终处于主导地位，2003 年以前，税收收入占比多数在 80%以上；2003 年以后，税收收入占比为 75%左右，非税收入占比为 25%左右，如图 1－11 所示。

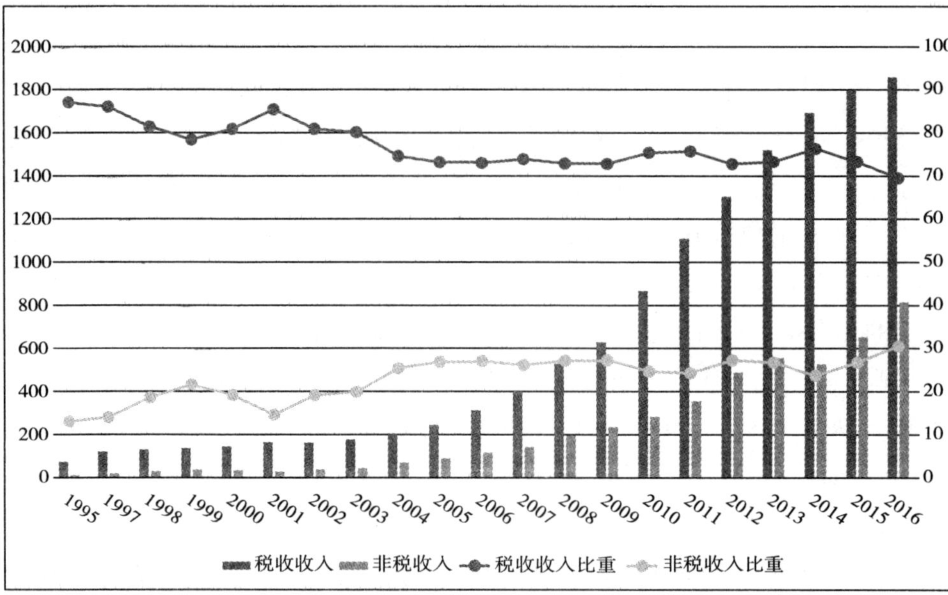

图 1－11 1994—2016 年安徽财政收入中税收和非税收入情况

资料来源：《2017 年安徽省统计年鉴》。

2016 年安徽省地方财政收入 2673 亿元，增长 8.9%。其中税收总收入 1857.5 亿元，比上期同期增长 3.2%，占地方财政收入比重为 69.5%；非税总收入 815.3 亿元，比上年同期增长 29.3%，占地方财政收入比重为 30.5%，如图 1－12 所示。

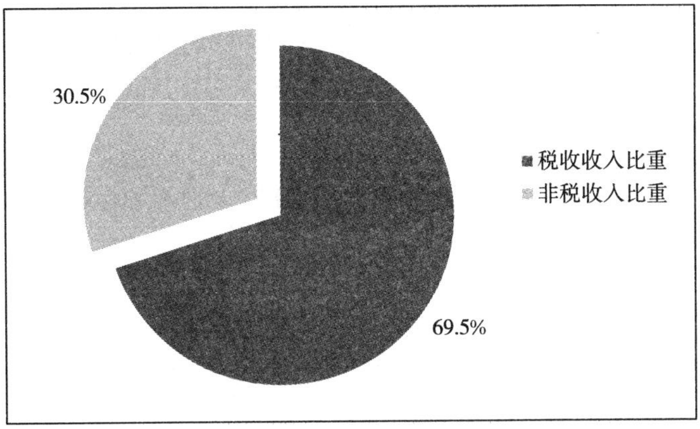

图 1-12 2016 年安徽地方财政收入结构

资料来源：《2017 年安徽省统计年鉴》。

2017 年，安徽省财政收入完成 4858 亿元，比上年增长 11.1%，其中地方财政收入 2812 亿元，比上年同期增长 7.9%。全部财政收入中，税收收入 3949 亿元，增长 12.9%。其中，增值税和营业税增长 9.5%，企业所得税增长 18.4%。在地方财政收入中，1—12 月份税收收入累计完成 1970.3 亿元，比上年同期增长 6.1%。非税总收入累计完成 841.8 亿元，比上年同期增长 3.3%，如图 1-13 所示。

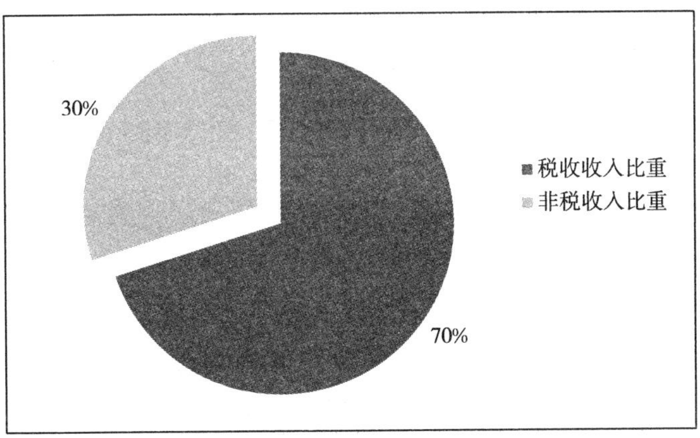

图 1-13 2017 年安徽地方财政收入结构

资料来源：根据安徽省统计局网站有关数据（1—12 月份）整理编制。

（二）税收收入结构

随着多项结构性减税政策的不断推进，安徽省地方税收收入的内部结构也发生了变化。表 1－11 所列的是 2016 年安徽省地方税收总收入和各税种收入。

表 1－11 2016 年安徽地方税收总收入和各税种收入

税种	收入（亿元）	比上年增加（亿元）	增长率（%）	占税收的比重（%）
税收总收入	1857.5	57.6	3.2	—
增值税	530.3	257.2	94.2	29.0
营业税	310.0	－276.8	－47.2	16.9
企业所得税	233.2	－2.4	－1.0	12.8
个人所得税	59.3	6.2	11.7	3.2
资源税	17.8	－2.8	－13.6	1.0
城市维护建设税	113.4	7.3	6.9	6.2
房产税	51.6	5.4	11.7	2.8
印花税	23.2	1.6	7.4	1.3
城镇土地使用税	141.9	8.9	6.7	7.8
土地增值税	104.8	14.4	15.9	5.7
车船税	16.8	2.0	13.5	0.9
耕地占用税	68.4	23.3	51.6	3.7
契税	185.4	12.9	7.5	10.2

资料来源：根据《2017 安徽统计年鉴》相关资料整理。

通过对表 1－11 中数据的观察，以及与往年数据的比较，可以发现：

其一，在税收收入与非税收入占比相对稳定的状态下，税收收入占比有所下降。2013、2014、2015 年安徽省地方税收入占地方财政收入的比重分别为 73.3％、76.3％、73.3％，相应比上年同期分别提高 0.5、3、－3 个百分点，但 2016 年由于非税收入上升显著，税收收入继续降低，占比为 70.3％。

其二，税收收入增速逐渐放缓。时间序列数据反映，2013、2014、

2015年地方税收总收入同比增加额分别为215.1亿元、172.3亿元、107.4亿元，同期增长率分别为16.5%、11.3%、6.3%，2016年增加额为57.6亿元，同期增长率仅为3.2%。所以无论从增加总量方面比较，还是从增长速度方面分析，2016年安徽省税收收入增长速度持续放缓，且放缓幅度比2015年更大。横向来看，2012—2016年全国税收总收入同比增长率分别为12.1%、10.1%、8.8%、4.8%、2.7%，相应比安徽省低5.7、6.4、2.5、1.5、0.9个百分点。在全面深化改革的关键时期，安徽省在严峻经济形势中取得了较好成绩。但税收工作仍要攻坚克难，积极调整税收结构，以应对经济下行的压力。

其三，税收收入结构基本维持原有格局，主体税种贡献仍然突出。2013、2014、2015、2016年商品课税中增值税与营业税的比重分别为47.8%、47.3%、47.8%、45.9%，略微下降；所得税收入的比重分别为15.4%、16%、16.1%、16.0%，基本保持稳定。这四大税种（增值税、营业税、企业所得税、个人所得税）的地位依旧凸显，共占税收收入的比重高达61.9%。此外，契税在税收收入中也占有相对较大的份额，2016年为10.2%，相比于2015年的9.6%，略有上升。

2016年，安徽税种税收来源结构有所变化，地方税各税种的具体分析如下（图1-14）：

1. 增值税。2016年安徽省增值税增长速度呈上升趋势。2014年、2015年增值税收入分别为260.5亿元、273.1亿元，增加总量分别为36.0亿元、12.6亿元，相应同比增长率为16.1%、4.8%，2016年增值税收入为530.3亿元，增加总量257.2亿元，同比增长29.0%，增值税在增长总量和增长速度方面均有所上升。增速上升的根本原因主要来自：“营改增”税制的全面推行。

2. 营业税。2015年、2016年安徽省营业税分别完成586.8亿元、310.0亿元，增加总量分别为46.8亿元、－276.8亿元，相应同比增长率为8.7%、－47.2%，营业税在增加总量和增长速度方面都有较大的下降，这主要是受“营改增”的深刻影响。

3. 企业所得税。2016年企业所得税收入为233.2亿元，占地方税总收入的比重为12.8%，比上年同期下降0.3个百分点。从总量来

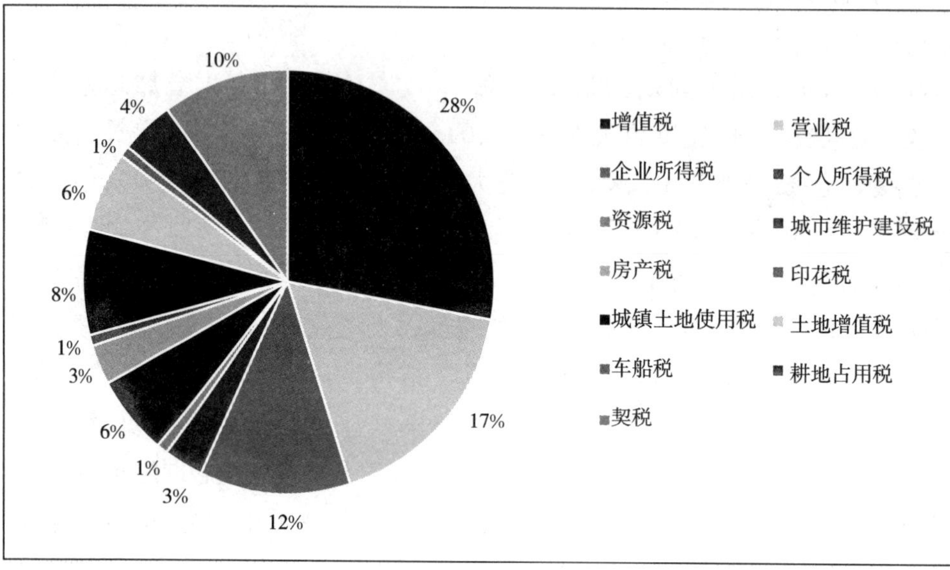

图 1-14　2016 年安徽省税收收入结构图

资料来源：根据《2017 安徽统计年鉴》相关资料汇总计算整理。

看，2015 年、2016 年的增加总量分别为 17.3 亿元、−2.4 亿元，同比增长率为 7.9%、−1%，企业所得税收入增速下滑显著。

增速显著下滑主要有以下原因：与增值税税制优化有密切关系，虽然增值税不直接影响企业利润，但可通过进项税额能否抵扣及抵扣多少来影响企业的成本费用，进而影响企业的利润，随着“营改增”的推进，增值税抵扣链条逐渐完整，企业的成本费用进一步降低。但本质上，这种变化所带来的冲击将随着增值税税制的完善逐渐消除，原因在于“营改增”同时减少了城建税及教育费附加的税基，使得企业利润提高，所得税税基将会增大，且完整的增值税抵扣链条从长期来看可以增加企业更新机器设备等固定资产的动力，促进企业更高效地发展，取得更好的经济效益。

4. 个人所得税。2015、2016 年安徽省个人所得税实现收入 53.1 亿元、59.3 亿元，相应增加总量为 1 亿元、6.2 亿元，同比增长率为 1.9%、11.7%，占地方税总收入的比重为 3%、3.2%，基本保持不变。在税制结构优化的过程中，个人所得税的增长过于缓慢。

5. 契税。2015、2016年安徽省契税实现收入172.5亿元、185.4亿元，相应增加总量为－23.1亿元、12.9亿元，同比增长率为－11.8%、7.5%，占地方税总收入的比重为9.6%、10.2%，增速有所上升，占地方税总收入的比重变化幅度较小。

6. 房产税。2015、2016年安徽省房产税收入分别为46.2亿元、51.6亿元，相应增加总量为7.5亿元、5.4亿元，同比增长率为19.5%、11.7%，占地方税总收入的比重为2.6%、2.8%。相比于2015年，2016年房产税收入增速有小幅度上升，总体局势较为平稳。

7. 土地相关税收。2015年2016年安徽省城镇土地使用税实现收入133亿元、141.9亿元，相应增加总量为32.7亿元、8.9亿元，同比增长率为32.5%、6.7%，增速显著下降。2015、2016年安徽省土地增值税实现收入90.4亿元、104.8亿元，相应增加总量为－6.3亿元、14.4亿元，同比增长－6.5%、15.9%，增速逆转，说明税务征管部门要继续加强土地增值税的清算工作，减少土地增值税的流失。

8. 其他税种。2016年资源税收入达到17.8亿元，同比增长率为－13.6%，占地方税总收入的比重为1.0%。城市维护建设税收入为113.4亿元，同比增长率6.9%，占地方税总收入的比重为6.2%，比上年增长0.3个百分点。印花税收入为23.2亿元，同比增长率7.4%，占地方税总收入的比重为1.3%，比上年增长0.1个百分点。车船税收入为16.8亿元，同比增长率13.5%，占地方税总收入的比重为0.9%，比上年增长0.1个百分点。耕地占用税收入为68.4亿元，比上年同期增加12.9亿元，同比增长率7.5%，占地方税总收入的比重为10.2%，比上年上升7.7个百分点。

根据表1－12，对2016年各地市各税种的情况分析具体有以下几点：

其一，2016年有九个市税收收入出现负增长，分别是淮北市、宿州市、六安市、马鞍山市、芜湖市、宣城市、铜陵市、池州市和黄山市。其余各市税收收入有所提高，有4个市增长幅度维持在10%以下，安庆市税收收入增长率为3.9%，增长率超过10%的有阜阳市、淮南市和滁州市，最高的增长率是淮南市13.1%。

表1-12 2016年安徽省各市税收收入分税种收入增长率 单位：%

地区	税收收入	增值税	营业税	企业所得税	个人所得税	其他税收收入
合肥市	8.9	129.6	−41.7	12.3	15.2	2.1
淮北市	−6.1	51.8	−56.7	−6.3	20.0	8.4
亳州市	8.4	71.3	−46.0	−4.0	39.4	2.4
宿州市	−1.4	99.4	−38.6	−12.5	−8.7	4.1
蚌埠市	4.7	59.3	−35.6	2.5	18.1	33.3
阜阳市	12.4	136.1	−43.5	14.4	11.5	8.0
淮南市	13.1	88.2	−42.3	−14.4	8.1	60.3
滁州市	12.8	105.7	−53.6	−6.1	−0.7	24.2
六安市	−5.1	139.8	−51.3	−8.1	8.1	−4.5
马鞍山市	−3.4	93.2	−58.9	−9.2	13.2	38.4
芜湖市	−0.1	62.4	−57.2	−13.7	12.8	59.5
宣城市	−3.8	105.7	−59.2	−8.6	5.4	30.1
铜陵市	−2.0	74.9	−49.7	−23.1	21.6	80.5
池州市	−15.3	44.9	−40.1	−24.8	11.8	28.5
安庆市	3.9	126.6	−50.3	4.2	−8.6	65.0
黄山市	−8.4	87.5	−54.3	−4.2	6.9	28.0

资料来源：根据《2017安徽统计年鉴》和《2016安徽统计年鉴》相关资料整理。

其二，2016年安徽所有市的增值税出现了较大的增长，增长率最低的是池州市44.9%，六安市增值税收入增长最为显著，达到139.8%的水平。

其三，营业税收入的减少极为突出。所有市增长率均为负增长，其中，宣城市下降最为显著，达到−59.2%。

其四，企业所得税在不同地市增减情况也有较大不同。2016年企业所得税降幅显著，12个地市出现负增长。相比而言，阜阳市、合肥市、安庆市、蚌埠市的企业所得税实现了正增长，分别为14.4%、12.3%、4.2%、2.5%。总体来看，受到了各市经济结构调整以及企业利润亏损的影响，各地市税收收入增长形势不容乐观。

其五，不同地市个人所得税收入增减情况差别较大，其中3个市个人所得税为负增长，总体上比较来看，亳州市个人所得税收入增长最为显著，增长率达到39.4%。相比而言，宿州市负增长8.7%，两者相差甚大。

（三）非税收入结构

表1-13反映的是2016年安徽省非税总收入分项目收入。2016年全年非税收入为815.3亿元，比上年同期增加160.9亿元，同期增长率为24.6%，比2015年增长了0.2个百分点。

表1-13　2016年安徽省非税总收入分项目收入

项目	收入（亿元）	比上年增加（亿元）	增长率（%）	占非税收入的比重（%）
非税总收入	815.3	160.9	24.6	100.0
专项收入	209.1	−17.6	−7.8	23.9
行政事业性收费收入	160.2	11.3	7.8	19.6
罚没收入	52.7	−1.7	−3.0	6.5
国有资本经营收入	41.4	18.5	81.0	5.1
国有资源（资产）有偿使用收入	300.3	126.4	72.7	36.8
其他收入	51.6	23.8	85.9	6.3

资料来源：根据《2017年安徽统计年鉴》相关资料整理。

表1-14反映的是2016年安徽省各市非税收入及分项目增长率。具体分析主要有以下两点：

其一，相比于2015年，2016年各地市非税收入增长趋势显著，其中，铜陵市非税收入增长率高达80.5%，安庆市和淮南市的非税收入增长率为65.0%和60.3%。0%～10%增长区间的有4个市，15%～35%区间有4个市，增长率最低的是六安市，不仅没有增加反而减少了，增长率为−4.5%。

表1-14 2016年安徽省各市非税收入及分项目增长率 单位：%

地区	非税收入	专项收入	行政事业性收费收入	罚没收入	国有资本经营收入	国有资源（资产）有偿使用收入	其他收入
合肥市	2.1	19.9	−7.8	17.5	−45.8	−19.0	−5.3
淮北市	8.4	−16.0	20.5	−11.9	−105.6	2.9	593.1
亳州市	2.4	−4.0	−11.6	−34.8	—	90.5	697.5
宿州市	40.6	2.6	3.4	−19.3	207.5	250.6	151.9
蚌埠市	33.3	14.5	−33.7	−16.3	1069.8	53.2	27.4
阜阳市	8.0	3.1	−20.8	2.3	78.9	65.0	124.8
淮南市	60.3	9.9	75.3	32.6	−83.6	236.0	471.4
滁州市	24.2	−35.6	−0.4	−18.8	—	68.9	251.6
六安市	−4.5	−8.0	−6.0	−46.9	—	14.4	72.2
马鞍山市	38.4	−7.7	19.6	−27.6	139.8	82.2	109.5
芜湖市	59.5	2.6	54.0	−16.0	174.1	73.8	81.6
宣城市	27.6	−32.8	−13.6	−1.2	64.3	63.1	239.4
铜陵市	80.5	−17.5	68.5	83.9	239.2	149.9	75.4
池州市	28.5	−50.5	11.5	27.5	—	111.7	—
安庆市	65.0	17.1	51.1	51.9	—	119.1	168.6
黄山市	28.0	4.5	−0.7	−12.0	39.6	40.9	14.3

资料来源：根据《2017年安徽统计年鉴》和《2016年安徽统计年鉴》相关资料整理。

其二，各个地市的非税收入中增长强劲的项目也有很大不同。其中，专项收入增长大多为负增长。铜陵市的罚没收入增长突出，达到83.9%，远高于省内其他地市；而蚌埠的国有资本经营收入增长突出，宿州市的国有资源（资产）有偿使用收入的增长率增长尤为明显，其他收入的变化中池州市、亳州市、淮北市、淮南市的增长情况较为突出。

（四）2016 年安徽省地方财政收入结构

2015、2016 年安徽省地方财政收入增长率分别为 10.6%、8.9%，2017 年安徽省地方财政收入增长率为 7.9%。总体来说，我省地方财政收入与我省经济进步处于同步发展状态，整体形势相对较好。

2017 年 1—12 月份安徽省地方财政收入总额地方财政收入 2812 亿元，增长幅度为 7.9%，上划中央财政收入总额 1784.2 亿元，同期增长率为 19.9%。

2017 年安徽地方税收总收入和各主要税种收入以及非税总收入和各主要项目收入、同比增长情况和占比情况见表 1 - 15 和表 1 - 16 所列。

表 1 - 15 反映，随着“营改增”的步伐加快，增值税在税收总收入的比重快速上升，1—12 月份同期增长率高达 50%，而营业税同期下降了 97.5%。增值税与营业税相加所占比重为 40.8%，企业所得税和个人所得税相加为 17.9%，大体格局基本稳定，税制结构的优化任重而道远。表 1 - 16 中 1—12 月份数据显示，非税收入增长趋势较为稳定，尤其是行政事业性收费收入的下降过于显著，整体上，税收总收入的增长快于非税收入的增长，这样的增长布局对于优化安徽省税收收入与非税收入的配置效率具有较好的促进作用。

表 1 - 15　2017 年安徽地方税收总收入和各主要税种收入

税种	1—12 月收入（亿元）	比上年同期增加（亿元）	增长率（%）	占税收收入的比重（%）
税收总收入	1970.5	113.3	6.1	—
增值税	795.5	265.2	50.0	40.4
营业税	7.9	−308.1	−97.5	0.4
企业所得税	274.5	41.3	17.7	13.9
个人所得税	79.4	20.1	34.0	4.0
城市维护建设税	121.2	7.8	6.9	6.2

资料来源：根据安徽省统计局网站相关资料整理。

表 1-16 2017 年安徽省非税总收入和各主要项目收入

项目	1—12 月收入（亿元）	比上年同期增加（亿元）	增长率（%）	占非税收入的比重（%）
非税总收入	841.8	26.9	3.3	—
专项收入	239.1	29.9	14.3	28.4
行政事业性收费收入	152.3	23.3	-4.9	18.1
罚没收入	60.1	4.0	13.9	7.1

资料来源：根据安徽省统计局网站相关资料整理。

第四节 安徽省 2018 年财政收入形势及政策前瞻

一、安徽省 2018 年财政收入的经济形势分析

安徽省财政收入的规模和结构取决于我国宏观经济总体情况和安徽经济基础面的发展态势。2018 年，随着供给侧改革的逐步推进，供给体系的适应性和灵活性不断提升，供给体系的质量不断提高，我国经济预期向好。在这样的宏观背景下，安徽省经济结构转型步伐加快，各项经济财政制度供给将释放更好的财政预期。

（一）2018 年安徽省财政收入形势的宏观经济展现“新”面貌

2017 年，我国 GDP 增长 6.9%，虽然较 2016 年上升了 0.2 个百分点，且总量累计突破了 80 万亿元，实现了增速 7 年来首次提速，创 2010 年以来历史新高，其中，第一产业增加值 65468 亿元，增长 3.9%；第二产业增加值 334623 亿元，增长 6.1%；第三产业增加值 427032 亿元，增长 8.0%。第一产业增加值占国内生产总值的比重为 7.9%，第二产业增加值比重为 40.5%，第三产业增加值比重为 51.6%。全年人均国内生产总值 59660 元，比上年增长 6.3%。全年国民总收入 825016 亿元，比上年增长 7.0%。经济在较大的下行压力下保持平稳态势，高质量发展路径正逐步形成，发展质量进一步改善。具体主要表现在：

第一，工业生产增速坚实经济基础，工业企业利润回升。2017 年全年全部工业增加值比上年增长 6.4%。规模以上工业增加值增长 6.6%。在规模以上工业中，分经济类型看，国有控股企业增长 6.5%；集体企业增长 0.6%，股份制企业增长 6.6%，外商及港澳台商投资企业增长 6.9%；私营企业增长 5.9%。分门类看，其中，制造业增长 7.2%，电力、热力、燃气及水生产和供应业增长 8.1%。全年规模以上工业中，通用设备制造业增长 10.5%，专用设备制造业增长 11.8%，汽车制造业增长 12.2%，电气机械和器材制造业增长 10.6%，计算机、通信和其他电子设备制造业增长 13.8%。总体上，工业库存见底回升缓解了经济压力，库存回补又推动经济增长。

第二，进出口增速回暖，“一带一路”助推经济效力。2017 年货物进出口总额 277923 亿元，比上年增长 14.2%。其中，出口 153321 亿元，增长 10.8%；进口 124602 亿元，增长 18.7%。货物进出口差额（出口减进口）28718 亿元，比上年减少 4734 亿元。“一带一路”沿线国家进出口总额 73745 亿元，比上年增长 17.8%。其中，出口 43045 亿元，增长 12.1%；进口 30700 亿元，增长 26.8%。“一带一路”的经济助推效力正逐步释放，海外投资快速增长。

第三，消费增长与结构优化并行。2017 年全国居民人均可支配收入 25974 元，比上年增长 9.0%，实际增长 7.3%。全国居民人均消费支出 18322 元，比上年增长 7.1%，实际增长 5.4%。按常住地分，城镇居民人均消费支出 24445 元，增长 5.9%，实际增长 4.1%；农村居民人均消费支出 10955 元，增长 8.1%，实际增长 6.8%。恩格尔系数为 29.3%，比上年下降 0.8 个百分点，其中城镇为 28.6%，农村为 31.2%。消费总量增加的同时，消费结构也明显升级，教育、文化、娱乐消费、医疗保健等无形的服务性消费增长显著。

第四，房地产市场投资持续上升。2017 年，全国房地产开发投资 109799 亿元，比上年名义增长 7.0%，增速比 1—11 月份回落 0.5 个百分点。其中，住宅投资 75148 亿元，增长 9.4%，增速回落 0.3 个百分点。住宅投资占房地产开发投资的比重为 68.4%，从而带动上下游行业的联动，钢铁、水泥、建材等增长加快。

第五，供给侧结构性改革稳步推进。2017年，全国工业产能利用率为77.0%，分别高出上年3.7个百分点，其中，煤炭开采和洗选业产能利用率为68.2%；黑色金属冶炼和压延加工业产能利用率为75.8%，分别高出上年8.7、4.1个百分点。年末商品房待售面积58923万平方米，比上年末减少10616万平方米。年末规模以上工业企业资产负债率比上年末下降0.6个百分点。全年规模以上工业企业每百元主营业务收入中的成本为84.92元，比上年下降0.25元；每百元主营业务收入中的费用为7.77元，下降0.2元。

第六，新动能新产业新业态发展快速。2017年，规模以上工业战略性新兴产业增加值比上年增长11.0%。高技术制造业增加值增长13.4%，装备制造业增加值增长11.3%。2017年，新能源汽车产量比上年增长51.2%；智能电视产量增长3.8%；工业机器人产量13万台(套)，增长81.0%；民用无人机产量290万架，增长67.0%。全年规模以上服务业中，战略性新兴服务业营业收入41235亿元，比上年增长17.3%；实现营业利润7446亿元，增长30.2%。全年高技术产业投资比上年增长15.9%，工业技术改造投资增长16.3%。全年网上零售额71751亿元，比上年增长32.2%。

尽管如此，当前经济转型压力持续存在：一是周期性和外部性因素依旧是影响经济增长稳定的关键，面临着高质量发展驱动转型滞后问题，经济治理结构的失衡、实际经济增长低于潜在经济增长都是关键的制度根源；二是降成本压力加大，既要面临改善供给环境、激发微观企业内生动力要求，也要考虑到外部减税的“倒逼效应”；三是经济结构调整任务仍然艰巨，高耗能工业拉动、政府投资主导、国有企业依旧扮演了经济回暖的重要角色，产业升级压力加大。

总体来看，2018年我国经济发展面临良好的前景形势，市场需求潜力巨大，科技和教育水平整体提升着力改善劳动力素质，基础设施日趋完善，政府宏观调控和应对重大挑战的能力明显增强，社会大局保持健康稳定。

（二）2018年安徽省财政收入的自身经济基础：稳中有进

2017年以来，面对错综复杂的宏观环境，全省经济主动适应发展新常态，加快调结构转方式、促升级步伐，全省经济运行总体平稳，主要指标增幅居全国前列。2017 年全省生产总值（GDP）27518.7 亿元，按可比价格计算，比上年增长 8.5%，高于全国水平。

第一，工业生产效益显著改善。分门类看，采矿业增长 0.5%，制造业增长 9.5%，电力、热力、燃气及水生产和供应业增长 9.2%。规模以上工业中，40 个工业大类行业有 34 个增加值保持增长，其中计算机、通信和其他电子设备制造业增长 15.1%，黑色金属矿采选业下降 10.1%，有色金属冶炼和压延加工业增长 3%，汽车制造业增长 9.8%，通用设备制造业增长 9.2%，黑色金属冶炼和压延加工业下降 1%，纺织服装、服饰业增长 2.3%，化学原料和化学制品制造业增长 10.4%，非金属矿物制品业增长 6.7%，电气机械和器材制造业增长 13.5%，电力、热力生产和供应业增长 9.2%，农副食品加工业增长 4.8%，煤炭开采和洗选业增长 5%。

第二，固定资产投资快速增长。2017 年全年固定资产投资 29186 亿元，按可比口径计算，比上年增长 11%。其中，工业技术改造投资 7352.9 亿元，增长 18%；基础设施投资 6534.9 亿元，增长 24.2%；民间投资 19233.4 亿元，增长 7.1%。分区域看，皖江示范区投资 19689.4 亿元，增长 9.5%；皖北六市投资 8092.9 亿元，增长 15.4%。分产业看，第一产业投资下降 4.6%，第二产业增长 12%，第三产业增长 11%。分行业看，工业投资增长 12.7%，其中制造业增长 11.5%，制造业中装备制造业增长 13.8%。六大高耗能行业投资增长 14.4%。2017 年共安排亿元以上项目 5516 个，当年完成投资 14318.2 亿元。开工建设合肥长鑫 12 寸存储晶圆、合肥量子信息与量子科技创新研究院核心区、江淮大众新能源汽车、安庆至九江客运专线安徽段等 2691 个项目；建成投产合肥惠而浦工业园一期、芜湖三山区格力精密铸件、合肥轨道交通 2 号线、芜湖长江公路二桥等 1698 个项目。

第三，结构调整步伐加快。2017 年全年服务业增加值占全省生产总值比重由 2016 年的 41%提高到 41.5%。六大工业主导产业增加值增长 9.5%，装备制造业增长 13.4%，高技术产业增长 16.3%；战略性新兴产业产值增长 21.4%，24 个战略性新兴产业集聚发展基地工业总产值增长 23.1%。新产品中，新能源汽车增长 38.5%，运动型多用途乘用车（SUV）下降 15.5%，锂电池增长 129%，工业机器人增长 33.2%，光纤增长 34.3%。

第四，居民收入继续增加，就业和物价保持稳定。2017 年末全省从业人员 4377.9 万人，比上年增加 16.3 万人。其中，第一产业 1363.3 万人，减少 20.2 万人；第二产业 1259.5 万人，增加 14 万人；第三产业 1755.1 万人，增加 22.5 万人。城乡私营企业从业人员和个体劳动者 1232.7 万人，增加 176.5 万人。全年城镇实名制新增就业 68.2 万人，下岗失业人员再就业 21.4 万人。年末城镇登记失业率 2.88%，比上年下降 0.32 个百分点。全省农民工总量 1918.1 万人，其中外出农民工 1415.4 万人。全年居民消费价格比上年上涨 1.2%，涨幅比上年低 0.6 个百分点。

第五，发展新动能进一步增多。2017 年末全省规模以上工业企业 20449 户，比上年净增 1067 户。全年规模以上工业增加值比上年增长 9%，其中国有及国有控股企业增长 9.1%、股份制企业增长 9.1%、外商及港澳台商投资企业增长 8.5%。总体上看，2018 年，全省经济可望平稳运行，主要指标增幅保持在较快增长区间，一些领域出现的积极变化持续增加，总体经济平稳适度增长。在这样的经济环境之中，安徽财政收入或将平稳增长。但是，在结构转型的关键阶段，当前制约经济持续稳健运行的因素仍然存在，如部分企业生产经营仍然困难、外贸出口持续下滑等。2018 年安徽省财政收入形势将随着国家宏观经济结构调整逐步深化而保持稳中有进的趋势。

二、安徽省 2018 年财政收入的政策前瞻

财政是国家治理的经济基础和重要支柱，党的十九大报告从全局和战略的高度强调加快建立现代财政制度，并明确了深化财税体制改革的目标要求和主要任务。我们要坚持以习近平新时代中国特色社会主义思想为指导，不断增强“四个意识”，坚定“四个自信”，进一步健全财政体制、预算制度和税收制度，为夺取新时代中国特色社会主义伟大胜利不懈奋斗。展望 2018 年，安徽经济运行与财政收入形式会

发生什么样的变化呢？从前述支撑2017年经济增长的各个因素看，2018年安徽省财政收入展望主要从以下四个方面展开：

（一）财政收入总量增速稳步前行

受全国和安徽经济面影响，2018年，安徽财政收入增速仍将呈现平稳态势，但是基数的抬高也使得增长压力加大。从全国层面看经济增长或将延续“L型”走势，固定资产投资仍然是增长关键；出口占全球货物贸易份额已接近14%的国际历史峰值，出口的不确定性增加；工业库存见底趋势明确与PPI回升或将持续；结构性改革包括消费结构和产业结构逐步推进，2016年“十三五”国家战略性新兴产业发展规划出台将推动相关领域增长。随着供给侧改革的深入推进，房地产增长动力将在2018年有所衰减，但相关调控政策或将缓解库存压力。从“去杠杆”来看，2017年家庭部门杠杆率在房价上涨过程中上升；积极财政政策带来政府负债压力增加；企业部门杠杆率已处于历史最高。从“降成本”来看，收入调整将受到国内供给环境、微观企业动力诉求和国外减税的影响。从自身情况看，2018年，安徽经济运行依旧保持稳步前行态势，煤炭、钢铁化解过剩产能进程或将加快，脱困发展和转型升级将积极向好，去库存和降成本积极推进；农业水利和生产设施建设将不断完善，政府有效投资力度有望加大；生产性服务业和生活性服务业增长持续推进；创新创业平台促工业转型升级；区域发展将释放经济动能；外贸也可望回稳向好。

（二）减税降费诉求持续强化

2018年是供给侧结构性改革的深化之年。结合经济面分析，2018年全国财政收入的政策安排的关键是减税降费力度或将继续加大，国内对税负过高的诉求持续加大。2018年3月7日上午召开的十三届全国人大一次会议在梅地亚中心举行记者会，财政部部长肖捷，财政部副部长史耀斌、胡静林就“财税工作和财政改革”的相关问题回答中外记者的提问中指出我们国家目前的税收是以间接税为主，税收收入对工业品的价格是比较敏感的，受其影响，对税收收入增长的变化也比较直接。近几年连续实施“放水养鱼”的减税降费政策，不断培植和发展新的税源，这为财政增收提供了源头活水。去年国内外的需求也出现回暖，进口的商品量和价格都出现增长，这也导致我们国家的进口税收相应增加较多。在上述这些因素的共同作用下，2017 年我国财政收入同比增长了 7.4%，比 2016 年高出 2.9 个百分点。我们国家经济发展不仅出现了总量的扩大，而且也实现了质量和效益的提升。

2018 年我们可以从以下几个方面考虑减税降费政策。第一，继续改革和完善增值税制度。按照增值税税率三档并两档的方向，合理调整税率水平，重点是降低制造业和交通运输等行业的税率，目的是支持实体经济发展。第二，实施个人所得税改革，包括提高基本费用扣除标准，也就是大家常说的"起征点"，增加专项附加扣除。第三，特别强调今年我们要加大对中小微企业的支持力度。主要是统一小规模纳税人年销售额的标准，大幅扩展享受减半征收所得税优惠政策的小微企业范围，使更多的企业能够受益，并且考虑将创业投资和天使投资的有关税收优惠政策在全国范围内实施。同时，对企业新购入的 500 万元以下的设备和器具当年一次性在税前扣除。我们测算实施上述减税政策，全年减税预计将超过 8000 亿元。同时，我们今年还要进一步清理规范政府性基金、行政事业性收费和经营服务性收费等，预计全年将减负 3000 多亿元。这些政策都是用财政收入的减法来换取企业效益的加法和市场活力的乘法，这是实施减税降费政策的核心要义所在。预计 2018 年可减免税收数量可观，势必对财政收入增长产生短期的冲击，但总体上这种冲击是结构性改革和市场资源配置的结果，因此，从长期来看，可以预见待结构调整到位必将对财政收入增长质量提升产生良好的作用。

（三）控制系统性财政风险

2018 年，受收入新常态的影响，健全举债融资机制，控制财政风险，确保不发生系统性区域性财政风险依然是重要的财政任务，其目标是将财政赤字和政府债务控制在可承受范围内。按照中国《预算法》的规定，我国政府的债务范围是有界定的，它包括中央财政国债、地方政府债券以及经清理甄别认定的截至 2014 年末的存量政府债务。这里强调截至 2014 年末，主要是因为从 2015 年 1 月 1 日起，我国实施了新的《预算法》。按照上述概念，截至 2017 年末，我国政府债务余额为29.95万亿元，其中中央财政国债余额13.48万亿元，地方政府债务余额16.47万亿元。我国政府负债率也就是用债务余额除以GDP所得出的比例是36.2%。这个比例比2016年的36.7%有所下降。按照这样一个比例，我国政府的负债率是低于国际社会通用的所谓60%的警戒线，也低于其他主要经济体和一些新兴市场国家的负债水平。

财政部预计未来几年我国政府的债务风险指标水平与2017年相比，不会发生明显的变化。财政部部长肖捷指出我国政府高度重视政府债务管理工作，特别是在新的《预算法》实施之后，连续出台了一系列政策措施，这些措施覆盖了限额管理、预算管理、风险预警、应急处置以及日常监督等各个环节，可以说已经初步形成了地方政府债务的闭环管理体系。按照新的《预算法》的规定，发行地方政府债券是地方政府举借债务的唯一合法形式。2018年财政部拟安排地方政府专项债券13500亿元，比去年增加5500亿元。同时也将合理确定分地区的地方政府债务限额，稳步推进专项债券管理改革。其次是严格执行《预算法》和《担保法》，从严整治无序举债乱象。坚持谁举债、谁负责，严格落实地方政府的属地管理责任，债务人和债权人依法合理分担风险。此外还将加大督查问责的力度，做到终身问责、倒查责任。2018年，安徽省依然会贯彻相关文件精神，要求各地严格把关融资平台作为社会资本参与PPP项目的条件，切实规范政府担保行为，严禁通过各种不规范方式进行变相融资，防范和控制财政风险，坚持必要、合理、可持续的财政投入原则，实现财政可持续发展。

（四）以健全财政体制为基线推动财税改革

科学的财税体制首先体现为政府与市场关系的合理分配，这其中涉及政府职能的清晰界定，党的十九大报告已经明确提出“建立权责清晰、财力协调、区域均衡的中央和地方财政关系”的要求。2018年，安徽省将深入转变政府职能，继续实施积极的财政政策，减税降费，进一步减轻负担，同时适度扩大财政支出的规模，突出保障重点，提高支出的有效性和精准度。鉴于经济发展的多种目标，以就业稳定、相关金融风险的规避、公共支出的重点保障等为目标的经济政策选择将使得政府财力增长维持在较为稳定的水平上，不会出现过大幅度的波动。从财政的长期角度看，未来的趋势依然是转变政府职能，减少必需的政府支出份额，过渡期的支出压力可以通过适当的债务扩张和税制改革来解决。

2018 年安徽省将加快推进“十三五”规划的相关政策布局，要加快财税体制改革，确立合理有序的财力格局，改革和完善税费制度，优化税制结构；完善地方税体系与房地产税立法；加强政府债务管理，尽快完善非税收入管理改革等，以求建立财政可持续发展机制。在体制层面，2018 年安徽省将进一步规范政府间、政府各部门之间的关系，深入推进省以下财政事权和支出责任划分改革，贯彻落实中央和地方收入划分总体方案；所有行业企业缴纳的增值税均纳入中央和地方共享范围，并按属地原则分享增值税。

第二章　安徽财政支出分析

2017年安徽省主动适应经济发展新常态，坚持改革开放，坚持稳中求进工作总基调，着力转方式、补短板、防风险、促开放，着力提高经济发展质量和效益，着力保障和改善基本民生，加快财税体制改革，优化财政支出结构。本部分主要探讨以下内容：2016—2017年财政支出预算执行情况回顾，2016—2017年财政支出规模与结构分析，2018年安徽省财政支出政策前瞻。

第一节　2016—2017年财政支出预算执行情况回顾

一、2017年财政支出预算安排情况

（一）省级财政支出预算安排

根据现行财政体制，2017年省级一般公共预算可用财力为606.9亿元，省级支出相应安排606.9亿元，与上年相比，省级预算支出同比增长12.8%。若扣除省级预算提前下达市县转移支付61.4亿元，加中央提前下达转移支付列入省级预算239.1亿元，省级预算支出合计784.6亿元。加上中央支出23.1亿元，对市县税收返还及转移支付1965.4亿元，省级预算总支出2773.1亿元，见表2-1所列。

表2-1　2016—2017年安徽省省级财政支出预算表　　单位：万元

支出项目	2016年预算数	2017年预算数	增速（%）	减：省级提前下达转移支付数	加：中央提前下达转移支付数	2017年预算合计数
一般公共服务支出	524312	641473	22.3	2773	781	639481

（续表）

支出项目	2016年预算数	2017年预算数	增速（%）	减：省级提前下达转移支付数	加：中央提前下达转移支付数	2017年预算合计数
国防支出	17886	18988	6.2	2850	5449	21587
公共安全支出	246773	315761	28.0	3611	9400	321550
教育支出	805673	867975	7.7	6337	307490	1169128
科学技术支出	226291	258098	14.1	1309	—	256789
文化体育与传媒支出	296421	319025	7.6	—	6133	325158
社会保障和就业支出	425096	458640	7.9	38102	1658200	2078738
医疗卫生与计划生育支出	201583	216844	7.6	19077	13362	211129
节能环保支出	157091	169154	7.7	19462	56	149748
城乡社区支出	76308	127223	66.7	5000	—	122223
农林水支出	533695	602148	12.8	187037	53751	468862
交通运输支出	644167	683013	6.0	227174	233450	689289
资源勘探信息等支出	386771	410040	6.0	69000	—	341040
商业服务业等支出	61924	65833	6.3	19220	—	46613
金融支出	231983	64776	−72.1	—	—	64776
援助其他地区支出	45280	48950	8.1	—	—	48950
国土海洋气象等支出	160227	355246	121.7	—	—	355246

（续表）

支出项目	2016年预算数	2017年预算数	增速（%）	减：省级提前下达转移支付数	加：中央提前下达转移支付数	2017年预算合计数
住房保障支出	139350	147849	6.1	—	—	147849
粮油物资储备支出	21052	22543	7.1	13120	103266	112689
预备费	80000	80000	—	—	—	80000
其他支出	10746	89591	733.7	—	—	89591
国债还本付息支出	—	—	—	—	—	—
债务付息支出	86372	103830	20.2	—	—	103830
债务发行费用支出	2000	2000	—	—	—	2000
支出合计	5381000	6069000	12.8	614072	2391338	7846266
加：上解中央支出	—	—	—	—	—	230692
对市县税收返及转移支付	—	—	—	—	—	19653943
税收返还	—	—	—	—	—	2164852
一般性转移支付	—	—	—	—	—	14140305
专项转移支付	—	—	—	—	—	3348786
支出总计	—	—	—	—	—	27730901

资料来源：根据安徽省财政厅相关数据整理。

省级财政支出预算中，基本支出预算181.1亿元，同比增长20.8％；项目支出预算425.8亿元，同比增长9.7％。主要增加了一般公共服务和公共安全支出，加大了科学技术等支出，增加了城乡社区支出，加大了对“三农”的投入力度。

在公共财政支出项目中，一般公共服务支出 64.1 亿元，同比增长 22.3%；国防支出 1.9 亿元，同比增长 6.2%；公共安全支出 31.6 亿元，同比增长 28%；教育支出 86.8 亿元，同比增长 7.7%；科学技术支出 25.8 亿元，同比增长 14.1%；文化体育与传媒支出 31.9 亿元，同比增长 7.6%；社会保障和就业支出 45.9 亿元，同比增长 7.9%；医疗卫生与计划生育支出 21.7 亿元，同比增长 7.6%；节能环保支出 16.9 亿元，同比增长 7.7%；城乡社区支出 12.7 亿元，同比增长 66.7%；农林水支出 60.2 亿元，同比增长 12.8%；交通运输支出 68.3 亿元，同比增长 6%；资源勘探信息等支出 41 亿元，同比增长 6%；商业服务业等支出 6.6 亿元，同比增长 6.3%；金融支出 6.5 亿元，同比下降 72.1%；援助其他地区支出 4.9 亿元，同比增长 8.1%；国土海洋气象等支出 35.5 亿元，同比增长 121.7%；住房保障支出 14.8 亿元，同比增长 6.1%；粮油物资储备支出 2.3 亿元，同比增长 7.1%；预备费 8 亿元，同比持平；其他支出 9.0 亿元，同比上升 733.7%；债务付息支出 10.4 亿元，债务发行费用支出 0.2 亿元。

在公共财政预算之外，2017 年省级政府性基金共 7 项，预算安排支出 33.6 亿元。其中本年支出 21.1 亿元，调出资金 6.7 亿元，结转下年 5.8 亿元。省级国有资本经营预算支出相应安排 14.7 亿元。其中：解决企业历史遗留问题及改革成本支出 4.3 亿元，国有企业资本金注入 7.8 亿元、金融国有资本经营预算及其他支出 0.4 亿元、调出资金 2.1 亿元。省级社会保险基金支出安排 963.1 亿元，其中，本年支出 213.0 亿元，结转下年 750.2 亿元。

（二）市级财政支出预算安排

面对复杂严峻的宏观环境，在省委的正确领导下，全省各级各部门紧紧围绕稳增长、调结构、促改革、惠民生，以提高质量和效益为中心，坚持宏观政策要稳、微观政策要活、社会政策要托底，稳中求进，进中求优，积极做好开源节流工作，全力促进经济持续健康发展和社会和谐稳定。安徽省各市根据本地国民经济和社会发展“十三五”规划确定本级 2017 年财政支出预算。2017 年安徽省各市财政支出预算情况见表 2－2 所列。

表 2-2 2017 年安徽省各市财政支出预算情况

城市	全市预算支出（亿元）		市级预算支出		城市	全市预算支出（亿元）		市级预算支出	
	数额（亿元）	同比增长率（%）	数额（亿元）	同比增长率（%）		数额（亿元）	同比增长率（%）	数额（亿元）	同比增长率（%）
合肥	880.07	15.19	508.17	19.49	六安	262.72	−22.30	104.47	0.07
淮北	146	53.52	45.34	12.00	马鞍山	214.31	37.30	56.42	1.07
亳州	327.4	127.99	51.3	26.35	芜湖	466	29.95	162.5	49.36
宿州	342	19.96	49.1	4.27	宣城	280	8.53	40.4	22.42
蚌埠	186.6	12.41	45	12.50	铜陵	161.5	7.67	39.9	12.39
阜阳	370.4	68.36	67.2	21.30	池州	106.6	−1.75	42.05	−2.89
淮南	181.6	22.21	63.9	−14.46	安庆	289	8.16	64.6	−4.30
滁州	380.3	41.43	61.7	8.82	黄山	105.9	6.97	29.4	31.02

资料来源：由各市《2016 年财政预算执行情况和 2017 年财政预算草案》数据整理。

从全市预算支出来看，2017 年安徽省所有城市财政预算支出均有不同程度的增长。其中，合肥市仍是财政支出最多的市级单位，2017 年合肥市预算支出 880.07 亿元，同比增长 15.19%；亳州市是同比增长幅度最大的市，2017 年亳州市预算支出 327.4 亿元，同比增长 127.99%。2017 年安徽省各市财政支出排名情况见表 2-3 所列，从该表可以看出，安徽省财政支出规模较大的地级市为传统意义上的大市，比如合肥市和芜湖市，财政支出规模较大。

表 2-3 2017 年安徽省各市财政支出排名情况

城市	全市预算支出（亿元）	名次	城市	全市预算支出（亿元）	名次
合肥市	880.07	1	六安	262.72	9
芜湖	466	2	马鞍山	227.91	10
滁州	380.3	3	蚌埠	186.6	11
阜阳	370.4	4	淮南	181.6	12
宿州	342	5	铜陵	161.5	13
亳州	327.4	6	淮北市	146	14
安庆	289	7	池州	106.6	15
宣城	280	8	黄山	105.9	16

资料来源：由各市《2016 年财政预算执行情况和 2017 年财政预算草案》数据整理。

从市级预算支出来看，合肥市仍是预算支出最多的市级单位，2017 年合肥市级预算支出 508.17 亿元，同比增长 19.49%；芜湖市是预算支出增长最快的城市，芜湖市 2017 年市级预算支出 162.5 亿元，同比增长 49.36%。2017 年安徽省市级预算支出及增长率见表 2－4 所列。

表 2－4 2017 年安徽省市级预算支出及增长率

城市	市级预算支出（亿元）	增长率（%）	增长率排名	城市	市级预算支出（亿元）	增长率（%）	增长率排名
芜湖	162.5	49.36	1	淮北市	62.8	12	9
黄山	29.4	31.02	2	滁州	61.7	8.82	10
亳州	51.3	26.35	3	宿州	66	4.27	11
宣城	40.4	22.42	4	马鞍山	56.42	1.07	12
阜阳	67.2	21.3	5	六安	104.47	0.07	13
合肥市	508.17	19.49	6	池州	42.05	－2.89	14
蚌埠	45	12.5	7	安庆	64.6	－4.3	15
铜陵	39.9	12.39	8	淮南	63.9	－14.46	16

资料来源：由各市《2016 年财政预算执行情况和 2017 年财政预算草案》数据整理。

二、2017 年财政支出预算执行情况

（一）全省财政支出执行情况

1. 全省财政支出完成预算情况分析

从预算实际执行情况来看，2017 年全省一般公共预算支出 6202 亿元，比上年增加 679 亿元，增长 12.3%。为完整反映 2017 年安徽省财政支出执行的月度进展，我们绘制了图 2－1。从 1—12 月各月的财政支出情况看，6 月是支出数额最多的月份，财政支出数额达到 826 亿元，完成全年预算的 14.4%。从支出科目上来看，教育支出 1017.9 亿元，为预算的 114.6%。科技支出 263.6 亿元，为预算的 139%。文化体育与传媒支出 80.9 亿元，为预算的 96.2%。社会保障和就业支出 867.2 亿元，为预算的 113.5%。农林水支出 663.8 亿元，为预算的 99.3%。医疗卫生与计划生育支出 597.8 亿元，为预算的 113.3%。上述方面支

出低于年初预算的主要原因是，预算单位规范支出严控成本、部分预算项目跨年执行依规结转等。图 2－1 中显示，3 月、6 月及 9 月是支出增长数额较大的月份，也就是说每个季度存在“前慢后快”的特点。

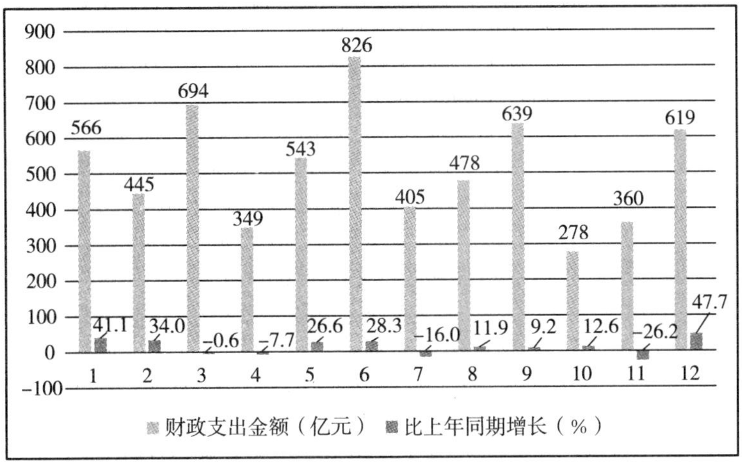

图 2－1　2017 年安徽省财政支出月度执行情况

从图 2－2 的季度全省财政支出完成情况来看，前三个季度财政支出大幅度提升。其中，第一季度财政支出 1705 亿元，完成总预算的 29.66%；第二季度财政支出 1718 亿元，完成总预算的 29.89%；第三季度财政支出 1522 亿元，完成总预算的 26.48%；第四季度财政支出 1257 亿元，完成总预算的 21.87%。安徽财政将更多资金向民生领域倾斜，以更大力度保障和改善民生。2017 年全省民生支出 5274 亿元，占全省财政支出的 85%。拨付民生工程资金 940.6 亿元，33 项民生工程全面完成。省级安排美丽乡村专项资金 13.4 亿元，全省整合涉农资金 62.8 亿元支持美丽乡村建设，改善农村人居环境，一体化推进农村厕所、垃圾、污水专项整治“三大革命”。省级安排美丽乡村专项资金 13.4 亿元，全省整合涉农资金 62.8 亿元支持美丽乡村建设，改善农村人居环境，一体化推进农村厕所、垃圾、污水专项整治“三大革命”。探索农田水利综合改革试点，新增安排灾后水利建设专项资金 20 亿元、从新增地方债切块 30 亿元重点用于灾后水利建设，加快提升水利工程防洪减灾能力。

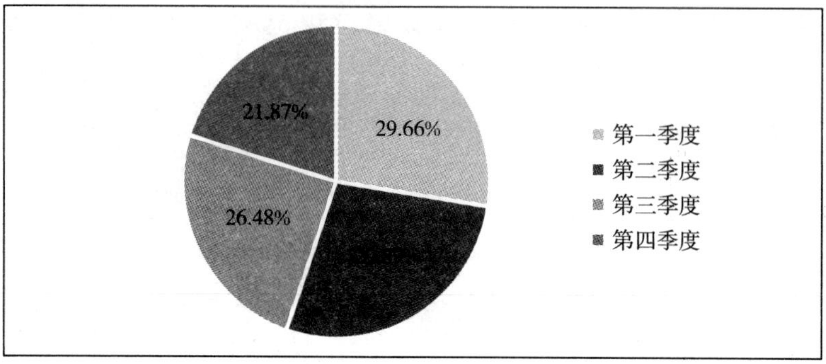

图 2-2　2017 年全省四个季度财政支出完成预算情况

2. 全省财政支出执行的同比增长情况分析

为深入分析 2017 年全省财政支出执行情况，我们将 2016 年和 2017 年的实际支出额度进行比较分析（图 2-3 和图 2-4）。

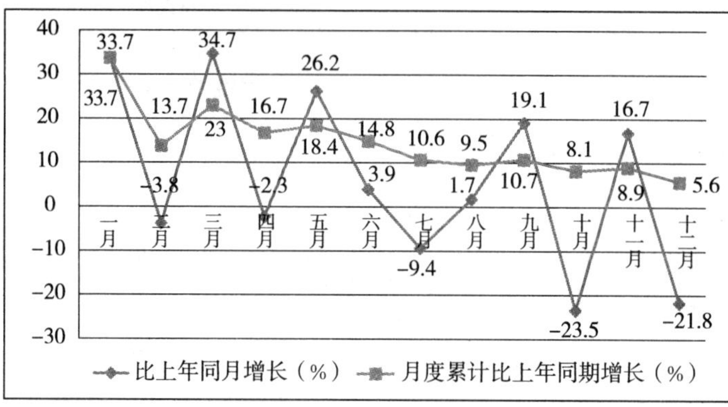

图 2-3　2016 年全省财政支出月度与月度累计同比增长情况

（1）从 2016 年财政月度支出同比增长情况看，财政支出月度同比增长最大的月份是 3 月，增长率为 34.7%，其次是 1 月和 5 月，同比增长分别为 33.7%和 26.2%，而出现负增长的月份为 2 月、4 月、7 月、10 月和 12 月，同比降幅为 3.8%、2.3%、9.4%、23.5%和 21.82%。总体上，2016 年月度同比增长率平均为 6.27%。相对于月度同比增长，2016 年财政月度累计支出同期增长幅度较为平缓。除了 1 月份的较大降幅外，其他月份的累计支出同期增长率维持在 5%～25%之间。具体来看，从 1 月份开始每月的累计支出同期增长幅度大

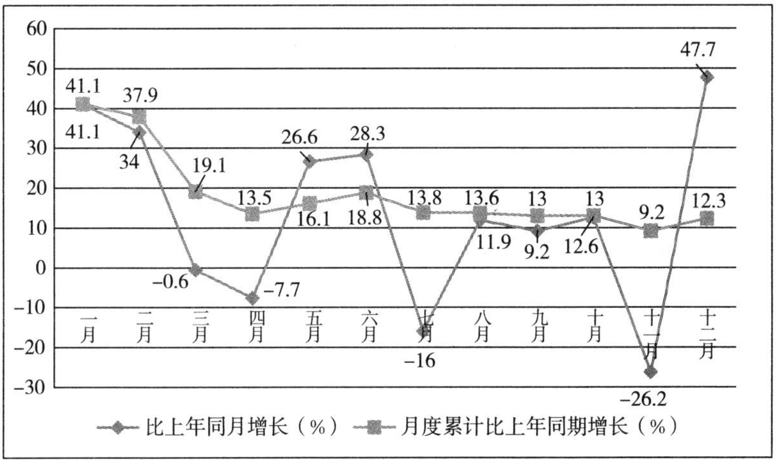

图 2-4 2017 年全省财政支出月度与月度累计同比增长情况

致保持一落一涨态势，累计支出的最高增长率是 1 月份的 33.7%，最低增长率是 12 月份的 5.6%，相差了 28.1%。

（2）从 2017 年财政月度支出同比增长情况看，财政支出月度同比增长最大的月份是 12 月，增长率为 47.7%，其次是 1 月和 2 月，同比增长分别为 41.1%和 34%，而出现负增长的月份为 3 月、4 月、7 月和 11 月，同比降幅为 0.6%、7.7%、16%和 26.2%。总体上，2017 年月度同比增长率平均为 13.4%。相对于月度同比增长，2017 年财政月度累计支出同期增长幅度较为平缓。除了 2 月份的较大降幅外，其他月份的累计支出同期增长率维持在 10%～20%之间。具体来看，从 1 月份开始每月的累计支出同期增长幅度大致保持一落一涨态势，累计支出的最高增长率是 1 月份的 41.1%，最低的正增长率是 11 月份的 9.2%，相差了 31.9%。

（3）2016 年与 2017 年财政支出同比增长情况的比较分析。与 2016 年相比，2017 年财政支出同比增长情况呈现以下特点：全省财政支出的月度同比增长波动性与上年较为相似，波动较大。2016 年最高值和最低值分别为 34.7%和－23.5%，两者差额为 58.2%。2017 年的最高值和最低值分别为 47.7%和－26.2%，两者差额增加为 73.9%。综合来看，2017 年的月度累计支出同期增长幅度小于 2016

年的月度累计支出同期增长幅度。从图 2-3 和图 2-4 可以看出，除了个别极端值外，2015 年与 2016 年月度累计支出同期增长幅度介于 10％～25％之间。

3. 全省财政支出分项目执行情况分析

按照 2007 年新的财政支出标准，我国预算支出分为 21 个项目。这里我们选取支出比重较高及与居民生活息息相关的 10 个项目进行详细分析。详细分析的支出项目包括一般公共服务、教育、科学技术、文化体育与传媒、社会保障与就业、医疗卫生、节能环保、城乡社区事务、农林水事务、交通运输。2017 年 1—11 月安徽省财政支出分项目月度支出执行情况见表 2-5 所列。

表 2-5 2017 年 1—11 月安徽省财政支出分项目月度支出执行情况

单位：亿元

支出项目	1月	2月	3月	4月	5月	6月	7月	8月	9月	10月	11月
一般公共服务	42.1	26.2	56.6	24.8	38.1	88.7	9.5	38.4	95.7	-5.1	29.8
教育	80	62.5	105	57.3	75.2	132.9	56.1	60.5	129.6	27.1	76.0
科学技术	9.1	6.1	18.8	8.8	17.6	67.7	8.4	13.7	25.9	14.2	33.1
文化体育与传媒	4.8	3.2	4.2	6.9	8.1	7.0	6.3	9.0	6.8	6.4	7.2
社会保障与就业	175.2	105.5	75.5	38.8	69.2	88.8	34.7	42.6	103.8	40.4	49.5
医疗卫生	63.9	115.5	108.6	24.5	43.7	63	27.4	24	46.7	9.0	18.5
节能环保	3.1	8.8	22.5	11.4	17.8	17.9	16.6	13	30	-2.9	5.3
城乡社区事务	75.4	34	156.8	27.8	69.1	236	-28.5	67.3	228.6	-45.5	72
农林水事务	35.2	29	23.7	54.1	111.3	57.6	141.6	78.3	-42.1	107.9	22.6
交通运输	15.6	9.3	57.6	26	18.2	10.2	32.6	18.5	-7.2	31.4	7.0

资料来源：根据安徽省统计局相关数据整理。

从表 2-5 可以看出：教育、一般公共服务、城乡社区事务、农林水事务以及社会保障与就业是财政支出的重点项目，说明我省财政支出以保证民生为主线，加大改善民生力度，着力构建公共财政向民生倾斜的框架结构。以 9 月份为例，城乡社区事务支出 228.6 亿元，居 9 月支出之首，然后是教育支出 129.6 亿元，社会保障与就业支出 103.8 亿元，一般公共服务支出 95.7 亿元。

（二）市级财政支出执行情况

1. 市级财政支出完成预算情况分析

表 2-6 显示了 2017 年 1—11 月安徽市级财政支出月度执行情况。从表中可以看到，合肥市财政支出最高，尤其是 3 月份高达 135.3 亿元，是同月最低城市淮北市的 11 倍多；阜阳市是全省第二大支出城市，平均每月支出 44.14 亿元；支出相对较低的淮北市和池州市月均财政支出分别为 12.3 亿元和 12.4 亿元，是全省倒数前两位。由此可见，地区财政支出不但与人口、地理、环境等因素相关，与城市经济发展水平也密切相关。

表 2-6 2017 年 1—11 月安徽市级财政支出月度执行情况 单位：亿元

城市	1月	2月	3月	4月	5月	6月	7月	8月	9月	10月	11月
合肥	83.9	65.5	135.3	52.7	58.4	109.6	70.2	69.5	83.8	55.7	89.2
淮北	11.5	11.7	12.7	8.5	7.8	15.6	8.8	19.9	24.3	3.1	11.6
亳州	22.1	18.3	49.2	11.2	22.5	47.6	20.2	21.5	46.1	4.7	9.2
宿州	33.5	23.7	38.2	16.9	26.9	42.3	18	33.2	34.7	16.6	16.1
蚌埠	21.8	19.4	39	15.3	25.1	52.8	11.8	18.4	28.6	9.3	19.3
阜阳	33.9	53.5	36.2	36.7	52.5	65.2	49.2	38.7	55.9	28.2	35.5
淮南	13.5	13	17.6	20.1	11.5	46	17.5	22.4	18.1	10.3	19.3
滁州	29.1	21.3	39.6	21.4	35.4	54.6	32	20.4	37.9	15.3	20.9
六安	42.7	32.9	27.9	21.2	31	42.6	33	32.3	30.4	17.7	19.4
马鞍山	16.8	12.2	30.8	12.9	26.1	25.1	26.2	17.8	23.3	7.2	14.6
芜湖	38.8	30.9	53.2	28.7	43.2	77.9	6.6	50.8	88.3	6.6	2.8
宣城	24.5	17.8	30.6	14.2	27	41.5	21.6	17.7	30.1	11.8	14.1
铜陵	13.6	13.2	21.4	9.2	20.7	17.7	11.9	10.1	10.6	10.1	12.2
池州	10.9	7.3	19.8	11	11.1	24.6	9.2	11.4	14.3	9.3	7.4
安庆	34.4	26.2	40.1	24.9	32.5	52.6	28.3	26.3	37.5	10.3	28.9
黄山	14.6	9	24.4	9.4	12.2	27.3	10.2	12.1	18.4	9.4	12.9

资料来源：根据安徽省统计局网站相关数据整理。

下面我们通过分析 2017 年安徽省各大城市的财政支出累计数值及预算完成情况，以期更清晰、更完整地展示实际财政支出的预算执行效果及城市间财政支出的差异性（图 2－5）。图中，2017 年 1—11 月合肥市财政支出累计 873.8 亿元，遥遥领先其他城市。而且从完成预算情况来看，这一数值仅是全年预算的 99.29％，在各市完成预算比重中属于比较低的。如果以各市完成预算的平均数计，合肥市的财政支出数额还要高。全省财政支出最低的是淮北市，11 个月的合计数仅为 135.5 亿元。另外，从 1—11 月各市财政支出预算完成情况来看，蚌埠、阜阳、淮南、六安、池州、安庆和黄山七个城市出现了不同程度的超预算执行现象。其中，黄山和蚌埠超预算最多，分别为 150.99％、139.76％。

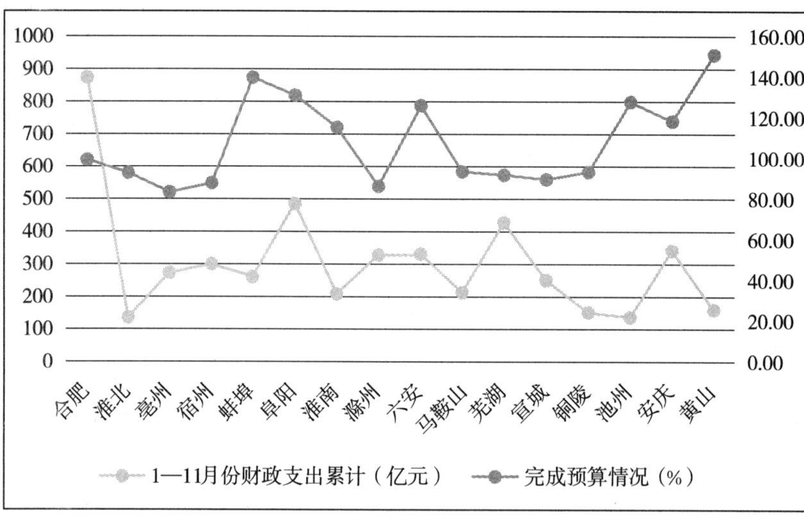

图 2－5　2017 年 1—11 月安徽省各市级财政支出累计执行情况

2. 市级财政支出执行的同比增长情况分析

图 2－6 反映了 2016—2017 年 1—11 月市级财政支出累计增长情况。整体来看，2017 年各市的财政支出同比增幅小于 2016 年同比增幅。2016 年同期增长率最高的是宿州市，其增长率为 16.5％，最低的是池州市，增长率仅为 4.9％。而 2017 年同期增长速度最快和最慢的城市分别为阜阳市和池州市，相应的同比增长率为 14.8％和－3.8％。

由此可见，2017年财政支出同比增长率的极值小于2016年的极值。2017年1—11月财政支出增幅极大值比2016年的极大值小1.7%、极小值与2016年的差距为8.7%。

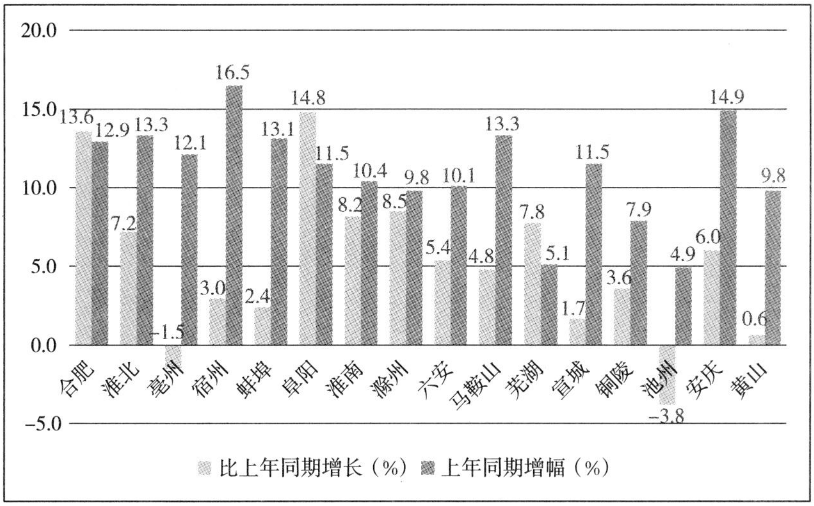

图2-6 2016—2017年1—11月市级财政支出累计增长情况

第二节 2016—2017年财政支出规模分析

财政支出是国家将通过各种形式所取得的财政收入进行分配和使用的过程，是财政资金分配的第二阶段。财政支出与财政收入一起构成财政分配的完整体系，财政支出是财政收入的归宿，它反映了政府政策的选择，体现了政府活动的方向和范围，是政府调节宏观经济的主要手段之一，对社会经济的发展具有重要的作用。财政支出规模是一定时期安排的财政支出数量，可以用绝对数量来表示，也可以用相对数指标来表示。

一、2003年以来安徽省财政支出规模

财政支出对经济的增长与发展具有双重影响，财政支出规模适度

就能够促进经济增长与发展，财政支出规模过大或是过小都会阻碍经济增长与发展。随着经济的发展，安徽省的财政支出规模不断地扩大，财政占 GDP 的比重也有所提高。

表 2-7 中的数据描述了 2003—2016 年安徽省财政支出规模情况。从绝对指标来看，安徽省财政支出的绝对规模在近十年来一直呈现稳定增长，波动幅度不大。财政支出总额由 2003 年的 507.44 亿元增长到了 2016 年的 5522.95 亿元，财政支出增长了 10.9 倍。

表 2-7　2003—2016 年安徽省财政支出规模情况

年份	财政支出总额（亿元）	GDP（亿元）	财政支出占 GDP 比重（%）	财政支出对 GDP 弹性系数	财政支出对 GDP 的边际倾向
2003	507.44	3923.11	12.93	0.97	0.13
2004	601.53	4759.30	12.64	0.87	0.11
2005	713.06	5350.17	13.33	1.49	0.19
2006	940.23	6112.50	15.38	2.24	0.30
2007	1243.83	7360.92	16.90	1.58	0.24
2008	1647.13	8851.66	18.61	1.60	0.27
2009	2141.92	10062.82	21.29	2.20	0.41
2010	2587.61	12359.33	20.94	0.91	0.19
2011	3302.99	15300.63	21.59	1.16	0.24
2012	3961.01	17212.05	23.01	1.59	0.34
2013	4349.69	19229.34	22.62	0.84	0.19
2014	4664.10	20848.75	22.37	0.86	0.19
2015	5239.01	22005.63	23.81	2.22	0.50
2016	5522.95	24117.89	22.90	0.56	0.13

资料来源：根据安徽省统计局网站相关数据和《安徽省统计年鉴 2017》整理。

从相对规模上来看，安徽省财政支出占 GDP 的比重从 2005 年开始持续上升，到 2010 年增长速度有所放缓；财政支出对 GDP 的弹性系数反映了在预算年度内，财政支出变化率对国内生产总值变化率反应得敏感程度。由表中数据显示，安徽省该系数在 2005 年到 2009 年期间都是大于 1，富有弹性，2010 年弹性系数下降但是后两年弹性系数又回升了，到 2013 年又有所降低，2014、2015 年快速回升，2016 年迅速下降。财政支出对 GDP 的边际倾向就是每增加一单位的 GDP，相对的财政支出的增加额，由表可以看出安徽省的财政支出对 GDP 的边际倾向从 2003 年到 2015 年十多年来都不超过 0.5，安徽省经济增长对财政的依赖程度不高。

图 2-7 显示了 2003—2016 年安徽省财政支出占 GDP 比重情况。从总体上来看，安徽省近年来财政支出占 GDP 的比重呈现小幅度波动增长趋势，2005 年到 2009 年上升速度较快，2010 年较 2009 年略有下降，2011 年以后上升速度下降，2015 年上升速度有所抬头，2016 年略有小幅下降。

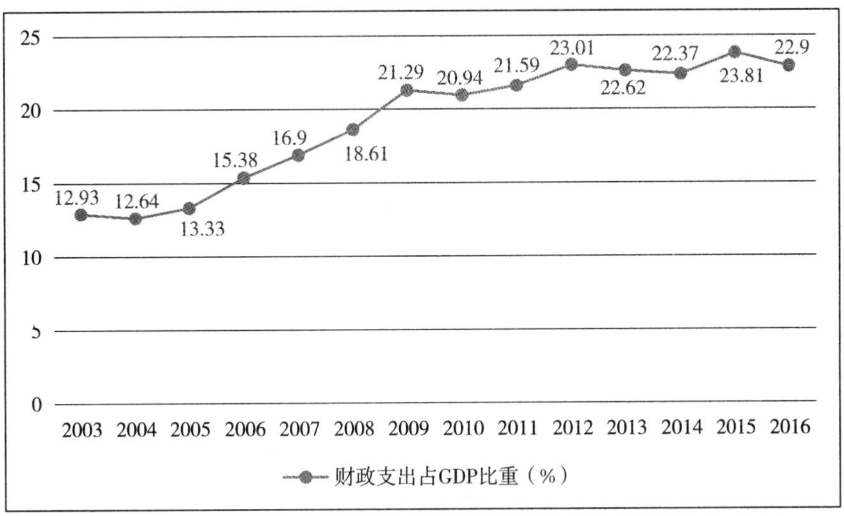

图 2-7　2003—2016 年安徽省财政支出占 GDP 比重情况

图 2-8 显示的是 2003—2016 年安徽省财政支出对 GDP 的弹性与边际倾向的情况示意图。由图可以看出，安徽省财政支出对 GDP 一直以来都是富有弹性的，且在 2006 年到 2009 年弹性系数持续高于 1.5，2011 到 2013 年，弹性系数呈抛物线状，到 2013 年弹性系数又下降到了 1 以下，2014 年弹性系数与 2013 年基本保持不变，2015 年明显上升，到 2016 年又迅速下降至小于 1 的水平，为历年来最低值 0.56。

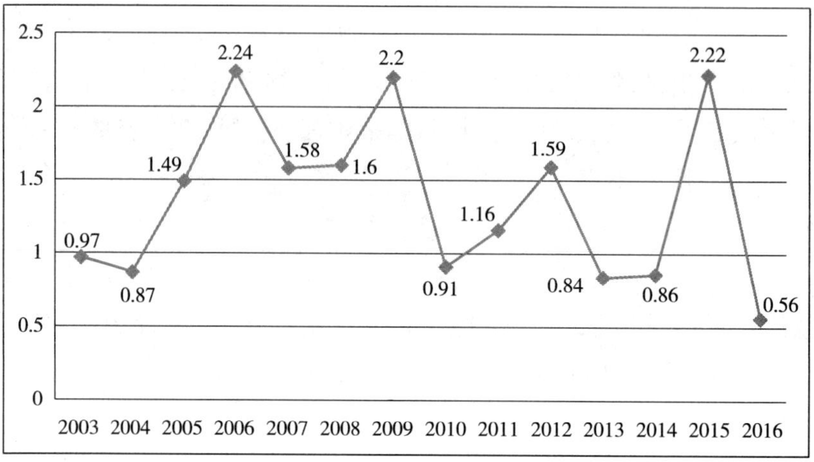

图 2-8　2003—2016 年安徽省财政支出对 GDP 的弹性与边际倾向情况

从图 2-9 可以看出，2003—2016 年安徽省财政支出对 GDP 的边际倾向。安徽省财政支出对 GDP 的边际倾向变化不大且边际倾向较低，除 2004 年达到最低的 0.11 和 2009 年的最高值 0.41 外，其余都围绕 0.25 上下波动，且幅度不大，但 2015 达到 0.5 的新高度，2016 年波动较大，从 0.5 剧烈下降至 0.13，与 2003 年的数值相同。

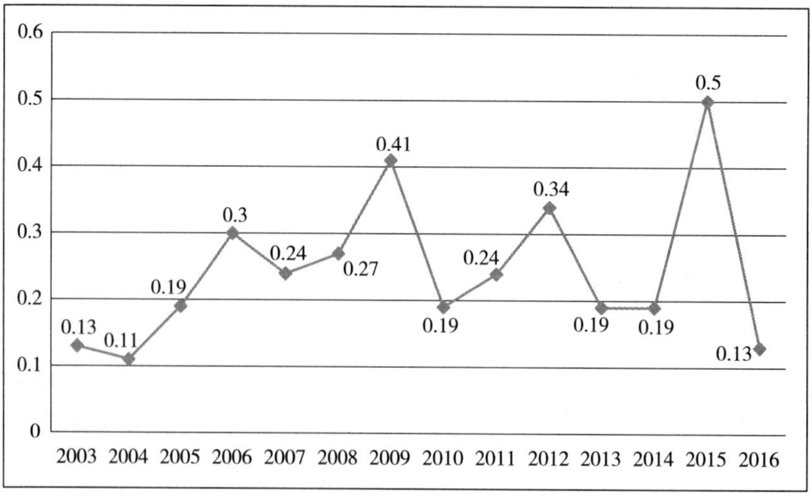

图 2-9　2003—2016 年安徽省财政支出对 GDP 的边际倾向

二、2016年安徽财政支出规模

2016年安徽省财政支出5522.95亿元，增长5.4%。在财政支出中，社会保障与就业支出增长9.1%，医疗卫生支出下降1.1%，城乡社区事务支出增长9.7%，文化体育与传媒支出下降4.5%，交通运输支出下降11.1%，科学技术支出增长了75.4%。

表2-8中的数据显示了2016年1—12月安徽省财政支出及其增长情况，并与2015年的财政支出进行对比分析。从整体上来看，各月份增长速度不均，3月增长幅度最大，增长率为35%；其次，1月份增长幅度为34%。2月、4月、7月、10月和12月出现了负增长现象，其中十月份下降幅度最大，降幅为23%。

表2-8 2016年1—12月安徽省财政支出及其增长情况 单位：亿元

月份	2016年财政支出	2015年财政支出	同期增长额	同期增长率（%）
1	401	299.9	101.1	34
2	332	345	−13	−4
3	698	518.4	179.6	35
4	378	387.1	−9.1	−2
5	429	340.1	88.9	26
6	644	620.4	23.6	4
7	482	532.1	−50.1	−9
8	427	419.7	7.3	2
9	585	490.8	94.2	19
10	247	322.7	−75.7	−23
11	488	418.2	69.8	17
12	419	536	−117	−22

资料来源：根据安徽省统计局网站相关统计数据整理编制。

图2-10显示了2016年1—12月安徽省财政支出同期增长率变化情况。从图中可以看出，2016年1—12月同期增长率的变化波动较大，第一个季度变化波动幅度很大，由1月份大幅度增长到2月份又

出现了大幅度下降，到 3 月份的正增长；第二、第三季度增长率呈现一高一低的波动趋势；第四季度又呈现出大幅度的负增长。

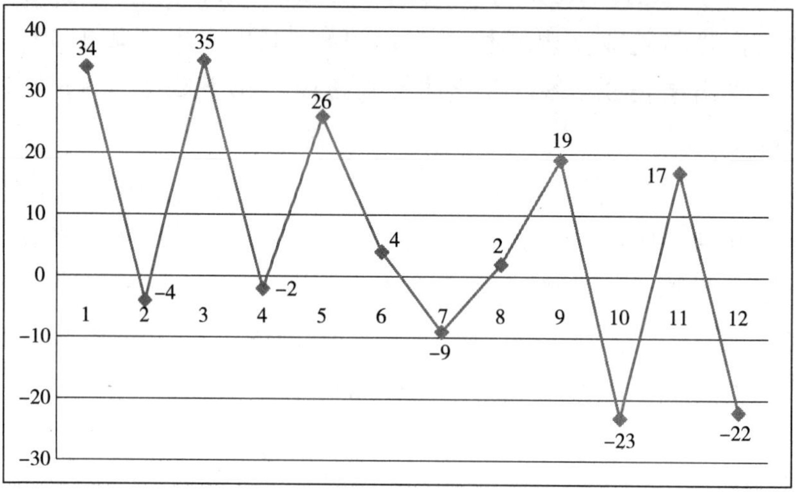

图 2-10　2016 年 1—12 月安徽省财政支出同期增长率变化情况

三、2017 年安徽省财政支出规模

2016 年安徽省财政支出累计完成了 6202 亿元，比 2016 年同期增长了 12.3%。其中教育、社会保障与就业、城乡社区事务、农林水事务支出分别增长了 12.08%、14.9%、51.83%、6.63%。

表 2-9 的数据显示 2017 年安徽省财政支出规模及其增长情况，相比于 2016 年同期，2017 年整体波动趋势较大，但从整体来看仍有所增加。

表 2-9　2017 年安徽省财政支出规模及其增长情况　　单位：亿元

月份	2017 年财政支出	2016 年财政支出	同期增长额	同期增长率（%）
1	566	401	165	41.1
2	445	332	113	34.0
3	694	698	−4	−0.6
4	349	378	−29	−7.7
5	543	429	114	26.6

（续表）

月份	2017 年财政支出	2016 年财政支出	同期增长额	同期增长率（%）
6	826	644	182	28.3
7	405	479	−74	−15.4
8	478	427	51	11.9
9	639	585	54	9.2
10	278	247	31	12.6
11	360	488	−128	−26.2
12	619	419	200	47.7

资料来源：根据安徽省统计局网站相关统计数据整理。

图 2-11 描述了 2017 年安徽省财政支出同期增长率变化情况，可以看出 2017 年各月的财政支出变化波动幅度较为明显，1 月份出现了大幅的上升，升幅为 41.1%；但 2 月份出现了小幅的下降，降幅为 7.1%；12 月份增长幅度最大，为 47.7%；11 月份下降幅度最大，为 26.2%，其次为 7 月份，降幅为 15.4%。

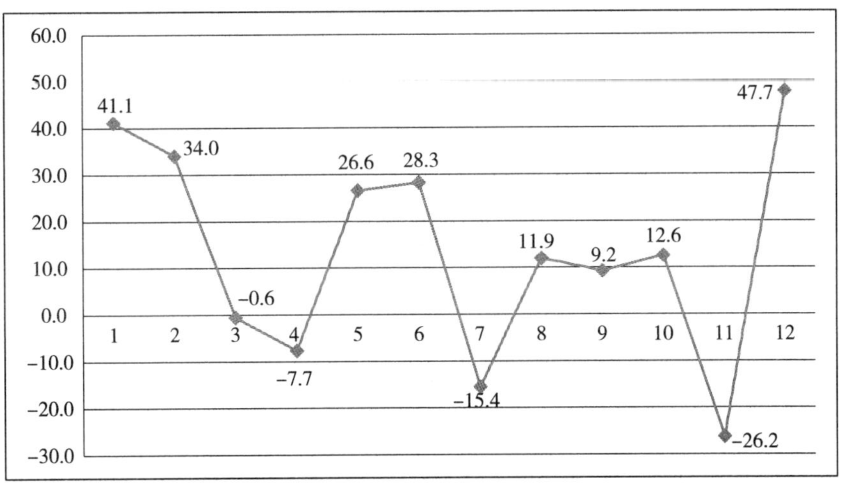

图 2-11　2017 年安徽省财政支出同期增长率变化情况

四、安徽省各地方财政支出规模及增长情况

财政支出是财政分配活动的重要环节，是宏观调控的主要手段之

一。对各地级市财政支出的变化以及人均财政支出情况的正确认识显得十分重要。各地级市的财政支出行为直接影响了安徽省的最优政策选择，对于各地级市的财政支出行为的分析，对于提升公民福利、改善财政政策而言，都具有重要的意义。2016 年安徽省各地级市财政支出状况见表 2-10 所列。

表 2-10　2016 年安徽省各地级市财政支出状况

城市	财政支出总额（亿元）	财政支出同比增长率（%）	财政支出总规模排名
合肥	859.85	−7	1
阜阳	435.80	116	2
芜湖	409.44	31	3
六安	341.97	54	4
安庆	337.15	35	5
滁州	335.05	50	6
宿州	311.39	19	7
亳州	278.58	115	8
蚌埠	268.05	91	9
宣城	254.77	8	10
淮南	218.00	105	11
马鞍山	213.70	39	12
黄山	171.03	77	13
铜陵	151.09	9	14
池州	149.10	49	15
淮北	142.66	55	16

资料来源：各市财政统计数据整理。

从表 2-10 可以看出，合肥市、阜阳市、芜湖市位列安徽省财政支出前三位，合肥市财政支出 859.85 亿，遥遥领先与其他城市，是第二位阜阳的 1.97 倍，是财政支出最少的淮北的 6.03 倍。除合肥市以外，大部分城市的财政支出较上年都有所增长。当然，如果考虑到人均财政支出规模，则名次会发生大的变化，见表 2-11 所列。

表 2-11　2016 年安徽省各地级市人均财政支出排名情况

城市	财政支出总额（亿元）	人均财政支出（元）	人均财政支出排名
黄山市	171.03	12402.47	1
芜湖市	409.44	11156.40	2
合肥市	859.85	10927.06	3
池州市	149.1	10332.64	4
宣城市	254.77	9795.08	5
铜陵市	151.09	9437.23	6
马鞍山市	213.7	9389.28	7
滁州市	335.05	8285.11	8
蚌埠市	268.05	8047.13	9
安庆市	337.15	7310.28	10
六安市	341.97	7166.18	11
淮北市	142.66	6461.05	12
淮南市	218	6307.87	13
宿州市	311.39	5561.53	14
亳州市	278.58	5458.07	15
阜阳市	435.8	5453.64	16

资料来源：根据安徽省统计局及各市统计局网站数据计算得到，其中人均财政支出按照各市年末常住人口总数计算整理。

同时，我们也根据表 2-11 绘制出图 2-12，以更为直观地分析各市财政支出现状。

通过图 2-12 可以直接看出安徽省各市人均财政支出情况。人均财政支出最高的城市为黄山市，人均财政支出达到 12402.47 元，然而阜阳市的年财政支出额在安徽的排名为最后一名，说明人均财政支出更能显示各城市的财政支出负担。芜湖市、合肥市人均财政支出位列第二、第三。从图中比较可以看出，皖南地区城市的人均财政支出要高于皖北地区。

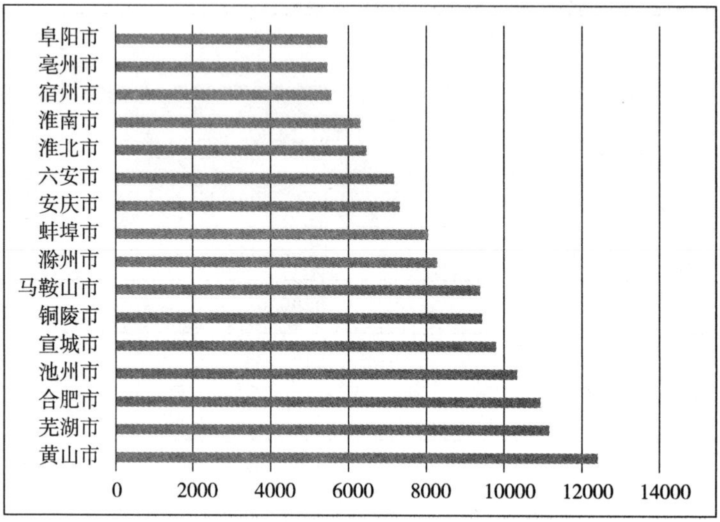

图 2-12 2016 年安徽省各市人均财政支出情况

第三节 2016—2017 年财政支出结构分析

财政支出结构是指在一定的经济体制和社会体制下，财政资金在分配过程中，政府各类支出的数额以及各类支出数额在财政支出总额中所占的比重，也就是通常所说的财政支出构成。财政支出作为公共财政的重要组成部分，是一国政府为了实现其国家职能，满足公共需求，将以各种渠道和方式筹集的资金进行再分配的过程。财政支出结构的变化也反映了政府配置社会资源的重点和方向，以及政府履行政府职能的重点。合理的财政支出结构对优化资源配置和促进社会发展有非常重要的意义。因此，我们将对财政支出结构做出进一步的探讨。

一、安徽省财政支出总体结构

（一）安徽省财政支出分类结构

2016 年，全省财政总支出累计 5530 亿元，比上年增加 300 亿元，增长 5.6%。其中，从支出规模角度由高到低依次排列前五项分别为教育、社会保障与就业、城乡社区事务、农林水事务、医疗卫生，其金额分别为908.21亿元、754.74亿元、676.5亿元、622.46亿元和478.11亿元，占比分别为17.36%、14.43%、12.93%、11.9%和9.14%，总占比达到65.77%，见表2-12所列。

表2-12　安徽省财政支出分类结构　　单位：亿元

指标	2015年		2016年		2017年	
	支出总数	占财政总支出的比重（%）	支出总数	占财政总支出的比重（%）	支出总数	占财政总支出的比重（%）
一般公共支出	400.09	7.64	411.94	7.88	458.19	7.39
国防	5.66	0.11	6.11	0.12	5.55	0.09
公共安全	196.06	3.74	220.96	4.22	259.32	4.18
教育	856.73	16.35	908.21	17.36	1017.89	16.41
科学技术	147.94	2.82	255.97	4.89	263.6	4.25
文化体育与传媒	88.19	1.68	83.27	1.59	80.94	1.31
社会保障和就业	691.54	13.20	754.74	14.43	867.16	13.98
医疗卫生	485.60	9.27	478.11	9.14	597.76	9.64
节能环保	124.83	2.38	135.17	2.58	199.42	3.22
城乡社区事务	609.65	11.64	676.50	12.93	1027.11	16.56
农林水事务	577.74	11.03	622.46	11.90	663.76	10.70
交通运输	383.97	7.33	343.93	6.58	225.87	3.64
资源勘探电力信息等事务	181.20	3.46	157.77	3.02	106.61	1.72
商业服务业等事务	63.43	1.21	58.03	1.11	34.04	0.55
金融监管等事务支出	6.93	0.13	33.01	0.63	13.66	0.22
国土资源气象等事务	61.53	1.17	41.24	0.79	56.23	0.91

（续表）

指标	2015 年		2016 年		2017 年	
	支出总数	占财政总支出的比重（%）	支出总数	占财政总支出的比重（%）	支出总数	占财政总支出的比重（%）
住房保障支出	276.63	5.28	236.36	4.52	214.38	3.46
粮油物资管理事务	32.21	0.61	32.06	0.61	26.01	0.42
其他支出	17.72	0.34	13.54	0.26	6.09	0.10

资料来源：依据《安徽省统计年鉴》及安徽省统计局网站相关数据计算得出。

2017 年，全省财政总支出累计 6202 亿元，比上年增加 672 亿元，增长 12.3%。其中，从支出规模角度由高到低依次排列前五项分别为城乡社区事务、教育、社会保障与就业、农林水事务、医疗卫生与计划生育，其金额分别为 1027.11 亿元、1017.89 亿元、867.16 亿元、663.76 亿元和 597.76 亿元，占比分别为 16.56%、16.41%、13.98%、10.7%和 9.64%，总占比达到 67.3%。

安徽省各项财政支出占比如图 2－13～图 2－16 所示。

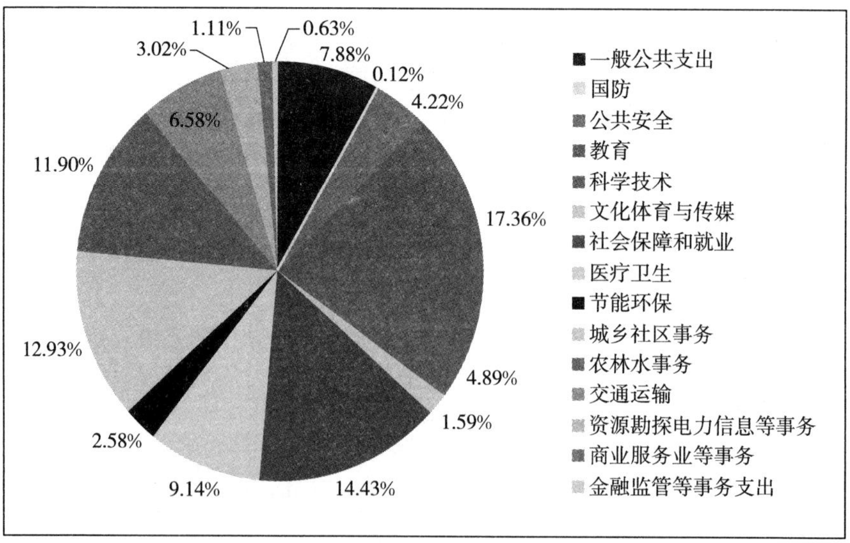

图 2－13　2016 年安徽省各项财政支出占比

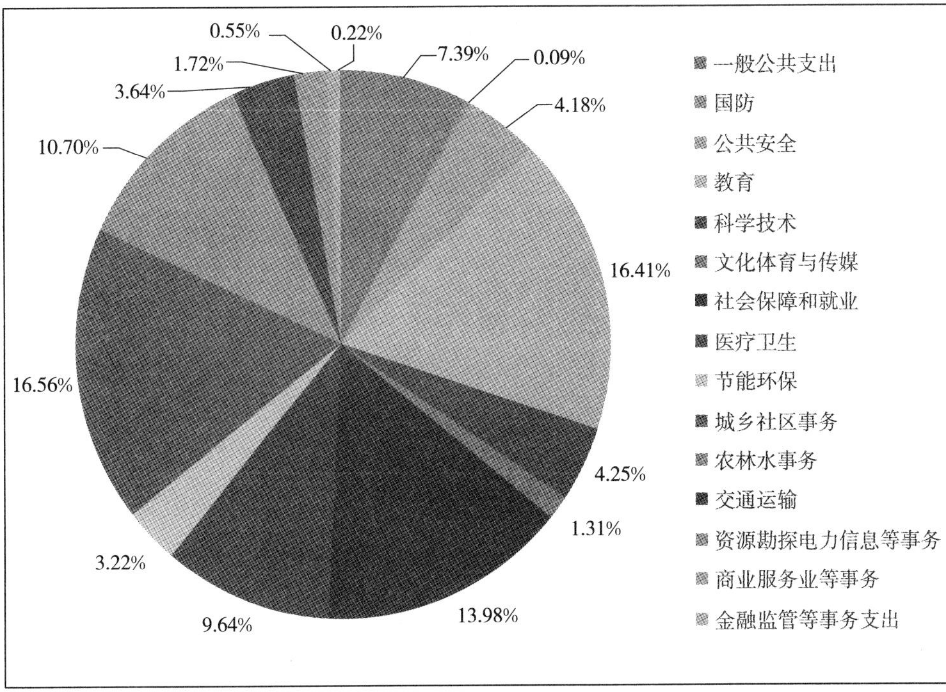

图 2-14 2017 年安徽省各项财政支出占比

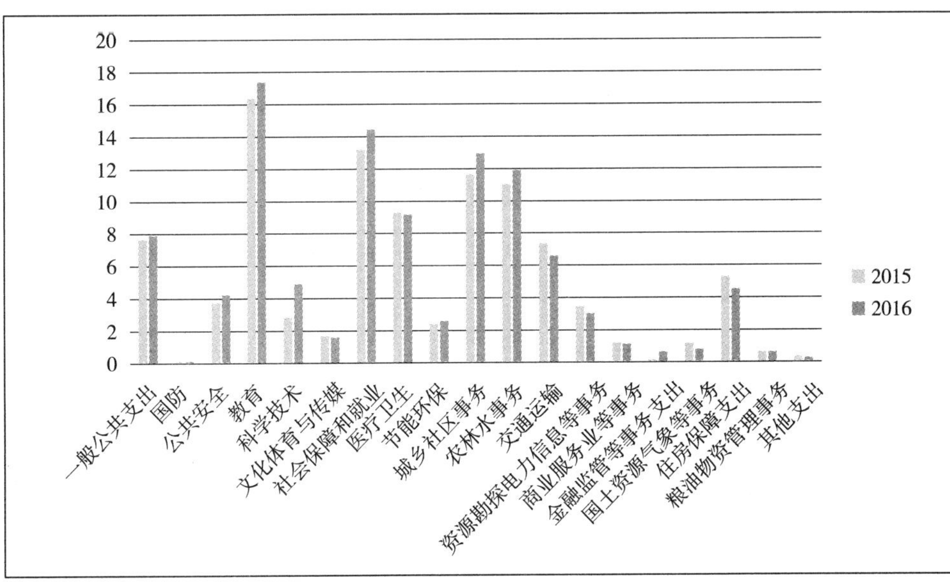

图 2-15 2015—2016 年安徽省各项财政支出占比

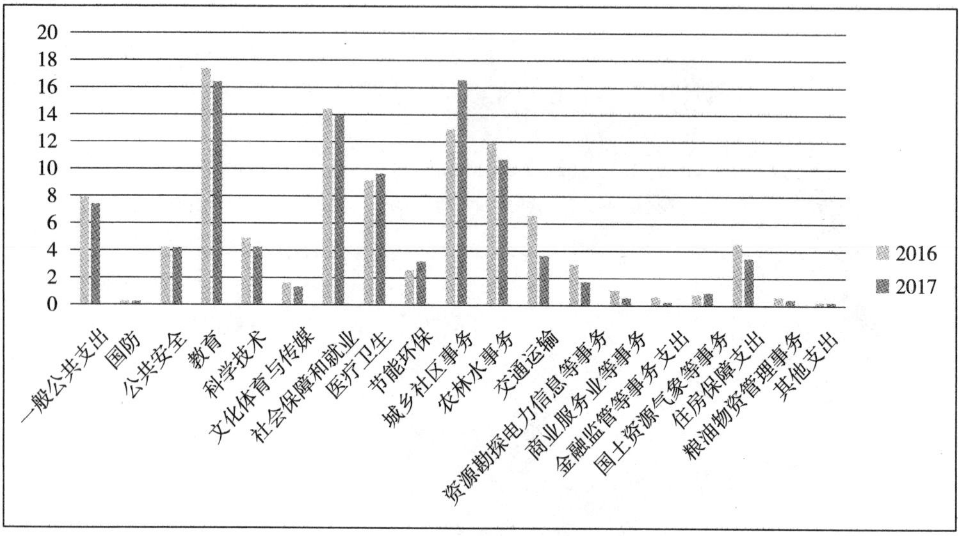

图 2-16　2016—2017 年安徽省各项财政支出占比

（二）安徽省财政支出弹性

弹性是一个变量的变动百分比与另一变量变动百分比的比值，反映一个变量对另一变量变动的敏感程度。财政支出弹性则是指每项财政支出的变动增长率与财政支出总额增长率的比值，即每项财政支出对于财政支出总额增长幅度的灵敏度。如果某一个财政支出项目的财政支出弹性大于 1，说明此支出项目的增长幅度大于财政支出总额的增长幅度，促进了财政支出总额的增长。同理，若一项财政支出项目的财政支出弹性小于 1，说明其增长幅度小于财政支出总额的增长幅度，促进了财政支出总额的减少。

2016 年财政支出总规模相对于 2015 年增长幅度为 5.6%。在各项支出中，增长速度最快的资源勘探电力信息等事务的财政支出弹性达到 1.73，说明此项支出规模的增长推动了财政支出总额的增加。其他占财政支出规模较大比重的社会保障与就业、节能环保的财政支出弹性分别为 1.65、1.56。此外，由于粮油物资管理事务和商业服务业等事物支出同期增幅为负值，其财政支出弹性也为负值，其数额为 －1.73、－0.19。

2017年财政支出总规模相对于2016年增长幅度为12.3%。其中2016年教育、社会保障和就业、城乡社区事务、农林水事务、医疗卫生支出的支出弹性分别为1.07、1.63、1.96、1.38和－0.28，见表2－13所列。

表2－13　安徽省各项财政支出弹性

指标	2015年		2016年		2017年	
	同期增长（%）	财政支出弹性	同期增长（%）	财政支出弹性	同期增长（%）	财政支出弹性
一般公共支出	0.50	0.04	2.96	0.53	11.23	0.94
国防	1.81	0.15	7.95	1.42	－9.17	－0.76
公共安全	9.38	0.77	12.70	2.27	17.36	1.45
教育	13.97	1.15	6.01	1.07	12.08	1.01
科学技术	11.97	0.99	73.02	13.04	2.98	0.25
文化体育与传媒	4.92	0.41	－5.58	－1.00	－2.80	－0.23
社会保障和就业	20.02	1.65	9.14	1.63	14.90	1.24
医疗卫生	13.88	1.14	－1.54	－0.28	25.03	2.09
节能环保	18.94	1.56	8.28	1.48	47.53	3.96
城乡社区事务	12.06	0.99	10.97	1.96	51.83	4.32
农林水事务	13.53	1.11	7.74	1.38	6.63	0.55
交通运输	12.39	1.02	－10.43	－1.86	－34.33	－2.86
资源勘探电力信息等事务	21.05	1.73	－12.93	－2.31	－32.43	－2.70
商业服务业等事务	－2.25	－0.19	－8.51	－1.52	－41.34	－3.45
金融监管等事务支出	14.55	1.20	376.33	67.20	－58.62	－4.88
国土资源气象等事务	14.15	1.17	－32.98	－5.89	36.35	3.03
住房保障支出	16.06	1.32	－14.56	－2.60	－9.30	－0.77
粮油物资管理事务	－21.02	－1.73	－0.47	－0.08	－18.87	－1.57

表格说明：支出弹性＝各项支出增长率/财政支出增长率。

安徽省各项支出同期增长率如图 2-17 所示。

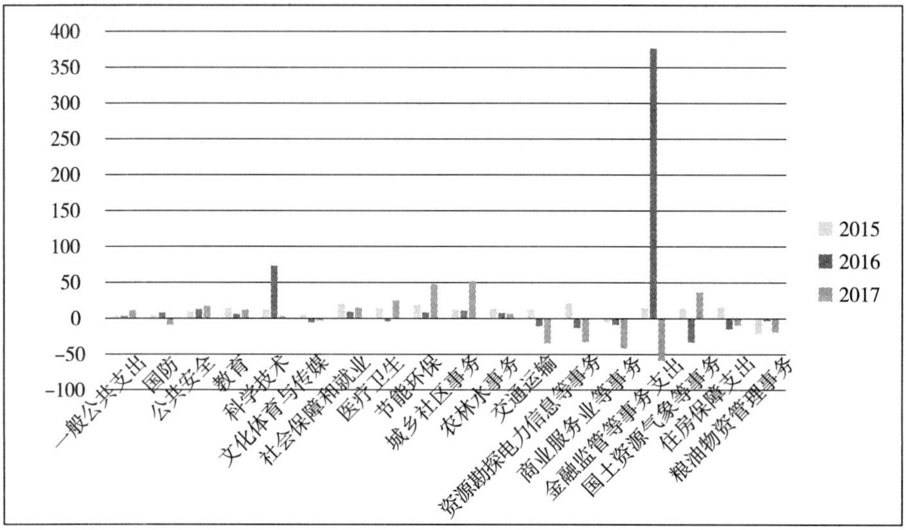

图 2-17 安徽省各项支出同期增长率

安徽省各项支出的弹性系数如图 2-18 所示。

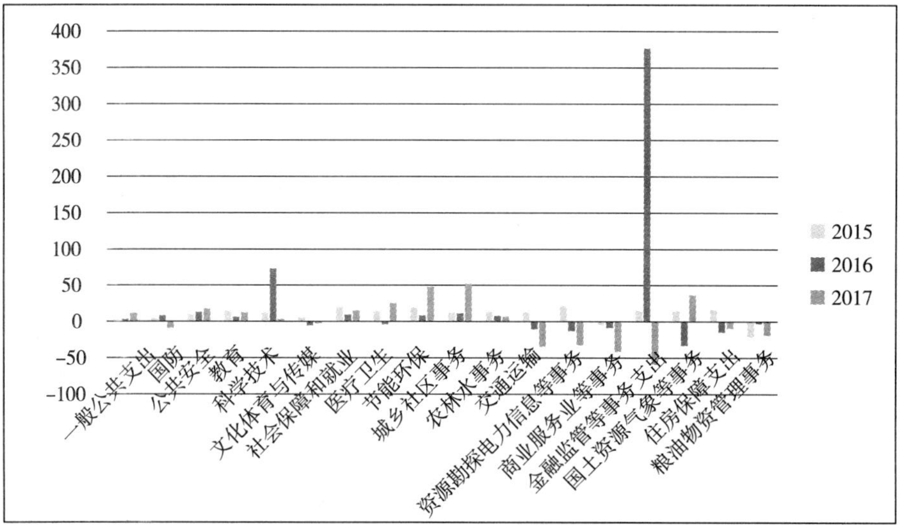

图 2-18 安徽省各项支出的弹性系数

二、2016—2017 年安徽省财政支出结构分析

随着财政支出规模的不断扩张，安徽省重点项目的支出得到了有

效保障。全省教育、医疗卫生、住房保障、社会保障和就业等与民生直接相关的支出大幅增长，经济强省、文化强省和生态强省建设得到持续加强。

（一）围绕质量效益，支持经济更加有力

主动适应引领经济发展新常态，围绕重大政策落地、重大项目实施、重要领域发展，优化支持重点，强化资金聚焦，省级累计兑现支持重点产业和经济发展方面资金 205 亿元，财政服务和支持实体经济发展积极有效。积极支持“三重一创”建设。省级“三重一创”专项资金由 40 亿元增加到 60 亿元，累计支持 24 个战略性新兴产业集聚发展基地、16 个重大工程、18 个重大专项建设，涉及新一代信息技术、高端装备制造、新材料、生物医药等产业领域，实现了全省战略性新兴产业产值较快增长。积极支持创新型省份建设。安排 13 亿元创新型省份建设专项资金，支持 205 个省重大科技专项、48 个科技团队、46 家创新平台、85 家众创空间等孵化机构，促进科技成果转化产业化。安排 8.3 亿元支持合肥综合性国家科学中心，支持核聚变主机关键系统等重大科学装置建设，加快建设量子信息与量子科技创新研究院，塑造更多依靠创新驱动的引领型发展。省级人才专项资金增加到 4.9 亿元，加大人才培育和引进力度，为创新驱动发展提供坚实人才支撑。积极支持供给侧结构性改革。累计拨付 31.7 亿元，继续兑现钢铁、煤炭行业化解过剩产能人员安置等有关资金奖补政策，支持化解煤炭、生铁粗钢过剩产能，支持妥善安置职工。统筹工业转型升级和工业投资综合奖补等专项资金 23.7 亿元，推动我省制造业做大做强和提质增效。省级设立军民深度融合发展专项资金，支持“中国声谷”建设，引导云计算、大数据、移动互联网等发展，培育经济发展新动能。

（二）围绕基本民生，为民理财更加彰显

全省民生支出 5274 亿元，增长 14%，占全省财政支出 85%，较上年提升 1.2 个百分点。坚持民生为本，积极践行为民理财理念，聚焦普惠性、基础性、兜底性民生建设，调整优化支出结构，着力解决人民群众普遍关心的突出问题，不断增进民生福祉。持续加大财政民生投入。全面落实以人民为中心的发展思想，以省政府名义出台扎实推进民生工作意见，建立民生工作协调推进机制，规划安徽民生工作五年蓝图。落实 33 项民生工程财政牵头责任，强化资金筹措管理，加强项目跟踪调度，邀请代表委员视察，33 项民生工程全部完成，全省财政投入民生工程资金 940.6 亿元，增长 13.9%，有力解决了一批群众关心关注的切身利益问题。扎实推进技工大省建设，安排专项资金 9.7 亿元用于技能培训、高技能人才培养、现代技工教育等工程项目，有力促进了技工队伍扩大规模、提升质量。安排就业补助资金 23.7 亿元，支持开展就业扶持工程，购买公益性岗位保障困难群众稳定就业，支持搭建创业服务"云平台"，就业创业政策体系进一步健全。调整退休人员基本养老金，月人均增加 143 元，提高城乡居保补贴标准，落实困难群体代缴政策，不断提升我省养老保障水平。基本公共卫生服务经费提高到年人均 50 元，服务项目扩大至 14 类 55 项，城乡居民医保财政补助提高到年人均 450 元，建立基本医疗保险、大病保险、医疗救助、疾病应急救助等保障体系，基本医疗和公共卫生服务均等化、可及性不断提高。投入 5.6 亿元，保障 159.9 万人享受高龄津贴、42.8 万老年人享受居家养老服务补贴。农村低保标准由年人均 3773 元提高到 4289 元，实现农村低保标准和扶贫标准"两线合一"。支持社会事业加快发展。省级安排教育资金 116.1 亿元，支持扩大学前教育资源，统一城乡义务教育学生"两免一补"政策，全面改善义务教育薄弱学校办学条件，落实困难学生资助政策，实现农村义务教育教学点"在线课堂"建设全覆盖、义务教育基本均衡县域全覆盖、家庭经济困难学生资助全覆盖。落实国家生均拨款等政策，鼓励社会力量兴办教育，促进民办教育健康发展。省级安排医疗卫生资金 17.7 亿元，推进医药卫生体制综合改革，深化公立医院改革，支持公立医院债务化解，落实取消药品加成政策，支持医院参与医联体试点和智慧医院建设。深入实施文化惠民工程，推进公共文化服务中心示范点、文化信息共享工程、送戏进万村、农村电影放映等文化活动，支持重点文物和非物质文化遗产保护，省市县乡公共文化设施实现全覆盖。支持残疾人康复、培训、就学和择业。将安全生产监管执法经费纳入同级财政全额保障范围，推进平安安徽建设。持续增加生态文明支出。

省级安排美丽乡村专项资金 13.4 亿元，全省整合涉农资金 62.8 亿元支持美丽乡村建设，改善农村人居环境，一体化推进农村厕所、垃圾、污水专项整治“三大革命”。安排 17.1 亿元重点生态功能区转移支付，全面落实主体功能区规划，统筹推进“三河一湖一园一区”建设。建立林业增绿增效行动综合奖补机制，推动实施各地林业增绿增效行动。支持全省绿色建筑示范项目及建筑产业现代化，统筹安排 6 亿元加快推进长江、巢湖、淮河等重点流域水污染防治，安排 3.5 亿元提前淘汰黄标车，加大退耕还林还湖力度，支持山水林田湖生态保护修复工程试点。建立健全大别山水环境生态补偿机制，累计投入 8 亿元，实施生态补偿项目 184 个，带动社会投入 40 亿元。建立健全新安江流域综合治理和生态补偿机制，累计投入补偿资金 39.5 亿元，带动试点项目投资 120.6 亿元，生态补偿政策效益显著。

（三）补齐短板，促进城乡融合发展

全面压实脱贫攻坚财政责任，坚决落实各项强农惠农富农政策，持续加大财政农业投入，扎实推进农业供给侧结构性改革，农业农村发展活力持续增强。全力支持打赢脱贫攻坚战。认真落实“六看六确保”要求，以省政府名义出台深入推进产业脱贫工程、防范返贫确保稳定脱贫和进一步强化脱贫攻坚政策落实意见，修订完善财政扶贫资金管理办法，全面下放资金项目审批权，推行资金使用“负面清单”，推进财政支持精准扶贫、监测评估、防范返贫、责任落实“四个全覆盖”。严格落实专项扶贫资金预算保障责任，全省财政专项扶贫资金达 96.6 亿元，增长 71%，其中，争取中央投入 32 亿元、增长 56.1%；省级投入 17.2 亿元、增长 56.4%；市县投入 47.4 亿元、增长 89.6%。安排 31 亿元地方政府债务资金，市县盘活存量资金 16 亿元支持扶贫工作，已整合涉农资金 163.2 亿元，增长 85.9%。支持农业产业化。拨付 5 亿元，重点支持农业产业化主导产业发展。推进现代农业产业园创建，支持宿州市埇桥区、马鞍山市和县成功获批创建国家现代农业产业园，获中央财政创建补助资金 2 亿元，启动省级现代农业产业园创建，打造一批农业供给侧结构性改革和现代农业发展的先行区和展示区。加强农业基础设施建设。拨付 36.6 亿元，建设高标准农田 416.1 万亩，持续提升农业综合生产能力。探索农田水利综合改革试点，新增安排灾后水利建设专项资金 20 亿元、从新增地方债切块 30 亿元重点用于灾后水利建设，加快提升水利工程防洪减灾能力。健全农业支持保护体系。推进玉米收储制度改革，支持政策性粮食库存消化，完善粮食主产区利益补偿机制，提高粮食综合生产能力。建立政策性农业保险费率调整机制，推进农业保险提标、扩面、增品，提供风险保障 600 亿元，较好地发挥了政策性农业保险在稳定农业生产方面的重要作用。推进农村综合改革。通过积极争取，我省成为全国农村综合性改革试点实验省，安排专项资金支持天长市和宣州区先行先试，促进支农政策的集成链接、发挥整体效应。支持推进土地所有权、承包权、经营权“三权”分置改革，扩大农村集体资产股份合作制改革试点，推进“资源变资产、资金变股金、农民变股东”三变试点。投入资金 6.7 亿元，推动肥西等 10 个县（区）完善农村公共服务运行维护机制。投入资金 7 亿元，推动黄山区等 20 个县（区）718 个村开展集体经济试点。省级安排 13.2 亿元，支持建立以财政投入为主的村级组织运转经费保障机制，健全村干部报酬和村级组织运转经费动态增长机制。

三、安徽省财政支出结构优化

（一）优化财政支出结构的原则

财政支出结构优化是指在一定时期内，在公共财政支出总规模占国民生产总值比重合理的前提下，为了满足实现政府特定的政策目标，满足各种不同的社会公共需要，合理分配各项财政支出要素占财政支出总量的比例。公共财政支出结构的调整和优化必须与政治经济发展的情况和政府经济目标相适应。在目前阶段，财政支出结构的优化应坚持以下原则：

1. 适应性原则。适应性原则是指财政支出结构与可支配财力、支出目的、财政体制、经济发展阶段等的适应程度。总体来说公共财政支出是为了满足不同种类、不同层次的社会公共需要。在一定时期的社会经济体制和其他条件约束下，财政支出在满足整个社会公共需要时应有所侧重，并且保持与政府的财力水平相适应，财政体制相适应，与经济发展阶段相适应，使得支出结构表现出该经济发展阶段的主导特征。

2. 协调性原则。支出结构的协调是动态的协调，是结构内部各项支出的相互适应。相互协调并不是各个要素不分主次的平均发展，而是在有着明确的主与次、重点与非重点的区分的基础上的相互协调。

3. 效益性原则。效益性原则是指支出结构的变动应该使为支持结构的所费与结构发展带来的所得之间具有低投入、高产出的特征。从根本上说，支出结构的转换过程应该是不断提高结构效益的过程，支出结构效益不仅指经济效益，而且包含社会效益、生态环境效益。

4. 渐进性原则。渐进性原则是指公共财政支出结构的优化要循序渐进。目前的财政支出结构是长期计划经济所积累的，尽管经过了30多年的改革，但是仍然存在一些不合理的体制，社会主义市场经济制度尚不完善，政府职能还未根本改变，财政支出越位缺位并存、资金使用绩效不高等现象依然存在。因而财政支出结构的优化必须以政府职能转变为依据，循序渐进地进行。

（二）优化安徽省财政支出结构的政策建议

1. 着力支持现代化经济体系建设。按照高质量发展要求，整合资金设立现代化经济体系专项资金，推动传统制造业转型升级，深化供给侧结构性改革，全面落实“三去一降一补”政策，支持再退出煤炭产能690万吨、压减生铁粗钢产能228万吨；支持将符合条件的新就业无房职工、外来务工人员纳入保障范围，支持新开工保障性安居工程28.18万套，完成10万户农村危房改造，推动建立多主体供给、多渠道保障、租购并举的住房制度。创新省级创新型省份专项资金支持方式，支持科技成果转移转化和加强科技人才培养与引进力度，支持提高科研人员科技成果转化收益比例，支持创新驱动发展战略深入实施。重点支持合肥综合性国家科学中心、合肥滨湖科学城、合芜蚌国家自主创新示范区、全面创新改革试验省等“四个一”创新主平台建设。继续安排“三重一创”专项引导资金，加快推进重大新兴产业基地、重大新兴产业工程、重大新兴产业专项建设，支持“中国声谷”、新能源汽车、现代医疗和医药等产业发展。支持共享经济、智慧产业、“互联网＋”、物流快递等新业态、新模式、新技术、新产品，大力促进现代服务业，促进军民技术双向转移转化，推进大众创业万众创新深入发展。支持开放型经济发展，加快打造内陆开放新高地。引导金融更好地服务实体经济，扩大民间投资，有效防范财政金融风险，继续实施积极财政政策，全面落实各项减税降费政策，进一步降低实体经济企业成本，促进实体经济发展。

2. 着力支持区域协调和乡村振兴发展。创新财政资金投入方式，全面落实全省“一圈一带三区”各项区域财政政策，持续支持合肥都市圈和江北江南集中区、郑蒲港新区、中新苏滁等皖江城市带建设，加大对皖北、皖南、大别山区以及革命老区、生态功能区、粮食主产区、资源枯竭城市转移支付力度，健全县级基本财力保障机制，促进县域经济发展，支持与长三角一体化发展，提高区域发展的整体性和协调性。继续安排铁路、公路、航运等专项资金，支持现代基础设施体系建设。安排特色小镇、城市工作“五统筹”专项资金，加大农业转移人口市民化转移支付力度，支持一批特色产业集聚发展基地，支持引导建设特色小镇健康发展，大力推进新型城镇化。贯彻落实乡村振兴战略，切实把农业农村优先发展的各项政策落到实处，加大财政农业投入，省级财政统筹安排 30 亿元支持农村“四好”道路畅通工程，推进建设高标准基本农田 400 万亩以上，推进灾后水利薄弱环节建设性治理行动计划，改善农业农村发展支撑条件。支持深化农业供给侧结构性改革，增加农业产业化和农业科技创新资金规模，启动质量农业和绿色农业建设，支持创建 16 个农产品质量安全示范县，支持农业产业化联合体 500 个，支持茶产业发展。采取先建后补方式，支持拓展农村电商网点功能，支持实施农村电商人才培训和企业培育计划，支持加快农村电子商务建设。深化农村综合改革，建立健全城乡融合发展体制机制和政策体系，激活“三农”发展新动能，让农业成为有奔头的产业，让农民成为有吸引力的职业，让农村成为安居乐业的美丽家园。

3. 着力保障改善民生和创新社会治理。坚持以人民为中心的发展思想，围绕“幼有所育、学有所教、劳有所得、病有所医、老有所养、住有所居、弱有所扶”，持续加大民生投入力度，扎实做好民生工作。牵头实施33项民生工程，聚焦民生短板，加大基层基本民生和贫困地区民生建设力度，新增学前教育、智慧医疗与家庭医生签约服务、农村环境“三大革命”等6项民生工程，加大资金投入，健全管养机制，完善民生工作绩效、责任、激励、监查问责“四位”一体的工作推进机制，压实部门和市县项目主体责任，加强工程类项目设计、施工、监理和检测各个环节的监督，提升工程实施绩效，推进解决重点民生问题，确保民生政策落到实处。全省民生工程计划投入1067亿元，较上年增长13.5%。全面贯彻打好脱贫攻坚战的要求，落实财政保障责任，持续加大财政投入，深入推进贫困县涉农资金整合，省级财政新增扶贫专项资金50%以上用于9个深度贫困县，加大对32个贫困地区基层基本公共服务功能建设的支持力度。同时，加大对非贫困地区基层基本公共服务功能建设支持力度。办好公平优质教育，支持全面实施第三期学前教育行动计划，支持新建、改扩建公办幼儿园300个，加大普及高中阶段教育投入，支持职业教育产教融合、校企合作，支持推进一流大学和一流学校建设，支持推进首批364所智慧示范学校和实验学校建设，支持民办教育发展，提高教育发展水平。推动文化事业繁荣发展，支持公共文化建设和省美术馆、百戏城、科技馆建设，扩大政府购买服务基层公益文化岗位试点，支持培育一批专精特新中小文化企业，支持推进文化产业示范基地建设。支持全面实施全民参保计划，提高退休人员基本养老金标准，提高财政负担的城乡居民养老保险基础养老金最低标准水平，适时调整优抚补助标准，统筹支持城乡社会救助体系，支持开展居家和社区养老服务改革试点，支持推进养老服务体系建设，加强多层次社会保障体系建设；持续深化医药卫生体制综合改革，稳妥推进省、市（县、区）公立医院债务化解，着力健全公立医院政府投入机制，提高城乡居民基本医疗保障财政补助标准，继续提高基本公共卫生经费标准，支持推进医联体、县域医共体建设，支持完善智慧医疗试点示范，支持发展中医药事业，推进健康安徽建设。支持深化平安安徽建设，支持推进司法体制改革试点，推动完善社会纠纷化解机制，支持深入开展“铸安行动”，强化食品药品监管，推动形成有效的社会治理、良好的社会秩序，促进社会和谐稳定。积极支持国防建设。积极支持深化监察体制改革试点。

第四节 2018 年安徽省财政支出形势及政策前瞻

2017 年安徽省财政支出累计达到了 6202 亿元，比上年同期增长 12.3%，到 2018 年，安徽省财政支出的重点仍将是民生支出。2017 年财政支出的增长与经济发展基本保持一致，财政支出规模稳定增长，财政支出结构有所优化，财政支出的调控作用得到了进一步的发挥。

一、2018 年安徽省财政支出形势

当前，安徽经济仍面临着下行压力，财政收入中低速增长常态化，促改革、惠民生等各项刚性支出压力持续攀升，面对新阶段的财税制度，预计 2018 年的财政收支赤字现象会更加严峻，财政形势不容乐观。

（一）“十三五”新时期将给财政支出带来压力

2018 年是贯彻党的十九大精神的开局之年，是改革开放 40 周年，是决胜全面建成小康社会、实施“十三五”规划承上启下的关键一年。中国共产党第十九次全国代表大会，于 2017 年 10 月 18 日在北京召开，习近平代表第十八届中央委员会向大会作了题为《决胜全面建成小康社会 夺取新时代中国特色社会主义伟大胜利》的报告。报告中提到要加快建立现代财政制度，建立权责清晰、财力协调、区域均衡的中央和地方财政关系。建立全面规范透明、标准科学、约束有力的预算制度，全面实施绩效管理。深化税收制度改革，健全地方税体系。12 月 27 日至 28 日，全国财政工作会议在北京召开，总结党的十八大以来的财政工作，研究部署 2018 年财政工作。一是坚持实施积极的财政政策，促进经济运行保持在合理区间。适度扩大财政支出规模，全国财政赤字由 1.2 万亿元增加到 2.38 万亿元，但赤字率一直控制在

3%以内。着力盘活存量资金支持经济社会发展急需领域。实施大规模减税降费，过去五年营改增累计减税近 2 万亿元，取消、免征、停征和减征 1368 项政府性基金和行政事业性收费，涉及减收金额 3690 亿元。二是坚持推进供给侧结构性改革，落实“三去一降一补”重点任务，推进农业供给侧结构性改革，促进实体经济发展，培育壮大新动能，推动实现供求关系新的动态均衡。三是坚持深化财税体制改革，改进预算管理制度，推进税制改革，完善财政体制，现代财政制度建设取得重要阶段性成果。四是坚持保障和改善民生，大力支持脱贫攻坚，加强基本民生保障，推进生态环保建设，人民群众获得感不断增强。五是坚持加强地方政府债务管理，初步形成地方政府债务监督管理制度框架和风险防控体系，增强财政可持续性。六是坚持推进依法理财，提升财政管理水平。七是坚持深化国际财经合作，维护和增进国家利益。

（二）“打赢扶贫攻坚战”加大了对财政支出规模的要求

确保到 2020 年农村贫困人口实现脱贫，是全面建成小康社会最艰巨的任务。为了实现这一目标，国务院发布《中共中央国务院关于打赢脱贫攻坚战的决定》来对精准扶贫工作作进一步的部署。随着扶贫工作的深入，财政应继续保持扶贫投入力度。发挥政府投入在扶贫开发中的主体和主导作用，积极开辟扶贫开发新的资金渠道，确保政府扶贫投入力度与脱贫攻坚任务相适应。各省（自治区、直辖市）要根据本地脱贫攻坚需要，积极调整省级财政支出结构，切实加大扶贫资金投入。从 2016 年起通过扩大中央和地方财政支出规模，增加对贫困地区水电路气网等基础设施建设和提高基本公共服务水平的投入。建立健全脱贫攻坚多规划衔接、多部门协调长效机制，整合目标相近、方向类同的涉农资金。

（三）民生支出仍然是财政支出的重点

当前国家加快推进新农村建设，党中央、国务院对“三农”和民生发展高度重视，中央“一号文件”和党的十八大都围绕这两个问题着重强调。2016 年上半年，共拨付 33 项民生工程资金 750.8 亿元，占年初计划的 91%。其中，中央和省级下达资金 628 亿元，占年初计划的 87.9%，进一步减轻了市县资金压力。2017 全省民生支出 5274 亿元，增长 14%，占全省财政支出的 85%，较上年提升 1.2 个百分点，并且 33 项民生工程全部完成，全省财政投入民生工程资金 940.6 亿元，增长 13.9%，有力解决了一批群众关心关注的切身利益问题。在未来一年中，民生支出仍然是财政支出的重点。

（四）房地产税的进一步改革对财政支出的影响

根据房地产税改革的进度，2018 年房地产税预期能够进入立法阶段。房地产税的立法实施，有利于规范房地产税的实施。安徽省财政支出一直以来都较为依赖中央的转移性支付，省级财政调控能力十分薄弱，财力上对中央依赖度较高。房地产税的征收有利于地方财政收入的增加，可以提高地方政府的独立性，减少对中央政府的依附，从而提高地方政府财政支出的主动性，在提高地方政府财政支出规模的同时有利于地方政府自主调整财政支出结构，提高财政调控能力。

总体而言，由于安徽省经济的不断发展，经济中各方面总量基数的扩大，以及安徽省对民生建设的重视以及未来一系列相关政策出台，预期安徽省 2018 年的财政支出规模仍会扩大，但是相对规模的增长率将会有所放缓，财政支出结构会得到进一步优化。

二、2018 年财政政策前瞻

2018 年是“十三五”规划的第三年。我省各级财政部门将全面贯彻党的十八大、十八届三中、四中、五中、六中全会和中央经济工作会议精神，更加紧密地团结在以习近平同志为核心的党中央周围，统筹推进“五位一体”总体布局和协调推进“四个全面”战略布局，坚持稳中求进工作总基调，牢固树立和贯彻落实新发展理念，适应把握引领经济发展新常态，坚持以提高发展质量和效益为中心，坚持以推进供给侧结构性改革为主线，适度扩大总需求。重点做好以下六个方面工作：

（一）着力支持现代化经济体系建设

按照高质量发展要求，整合资金设立现代化经济体系专项资金，推动传统制造业转型升级，深化供给侧结构性改革，全面落实“三去一降一补”政策，支持再退出煤炭产能690万吨、压减生铁粗钢产能228万吨；支持将符合条件的新就业无房职工、外来务工人员纳入保障范围，支持新开工保障性安居工程28.18万套，完成10万户农村危房改造，推动建立多主体供给、多渠道保障、租购并举的住房制度。创新省级创新型省份专项资金支持方式，支持科技成果转移转化和加强科技人才培养与引进力度，支持提高科研人员科技成果转化收益比例，支持创新驱动发展战略深入实施。重点支持合肥综合性国家科学中心、合肥滨湖科学城、合芜蚌国家自主创新示范区、全面创新改革试验省等“四个一”创新主平台建设。继续安排“三重一创”专项引导资金，加快推进重大新兴产业基地、重大新兴产业工程、重大新兴产业专项建设，支持“中国声谷”、新能源汽车、现代医疗和医药等产业发展。支持共享经济、智慧产业、“互联网+”、物流快递等新业态、新模式、新技术、新产品，大力促进现代服务业，促进军民技术双向转移转化，推进大众创业万众创新深入发展。支持开放型经济发展，加快打造内陆开放新高地。引导金融更好服务实体，扩大民间投资，有效防范财政金融风险，继续实施积极财政政策，全面落实各项减税降费政策，进一步降低实体经济企业成本，促进实体经济发展。

（二）着力支持区域协调和乡村振兴发展

创新财政资金投入方式，全面落实全省“一圈一带三区”各项区域财政政策，持续支持合肥都市圈和江北江南集中区、郑蒲港、中新苏滁等皖江城市带建设，加大对皖北、皖南、大别山区以及革命老区、生态功能区、粮食主产区、资源枯竭城市财政转移支付力度，健全县级基本财力保障机制，促进县域经济发展，支持与长三角一体化发展，提高区域发展的整体性和协调性。继续安排铁路、公路、航运等专项资金，支持现代基础设施体系建设。安排特色小镇、城市工作“五统筹”专项资金，加大农业转移人口市民化转移支付力度，支持一批特色产业集聚发展基地，支持引导建设特色小镇健康发展，大力推进新型城镇化。贯彻落实乡村振兴战略，切实把农业农村优先发展各项政策落到实处，加大财政农业投入，省级财政统筹安排 30 亿元支持农村“四好”道路畅通工程，推进建设高标准基本农田 400 万亩以上，推进灾后水利薄弱环节建设性治理行动计划，改善农业农村发展支撑条件。支持深化农业供给侧结构性改革，增加农业产业化和农业科技创新资金规模，启动质量农业和绿色农业建设，支持创建 16 个农产品质量安全示范县，支持农业产业化联合体 500 个，支持茶产业发展。采取先建后补方式，支持拓展农村电商网点功能，支持实施农村电商人才培训和企业培育计划，支持加快农村电子商务建设。深化农村综合改革，建立健全城乡融合发展体制机制和政策体系，激活“三农”发展新动能，让农业成为有奔头的产业，让农民成为有吸引力的职业，让农村成为安居乐业的美丽家园。

（三）着力支持污染防治和生态文明建设

全力支持打好污染防治攻坚战各项要求，支持实施环境保护“五个一”行动，加大环境保护支持力度，支持打赢蓝天保卫战，开展大气污染防治行动，支持加快重点行业污染源整治和移动污染防控，推进秸秆禁烧和综合利用；支持打好碧水攻坚战，支持开展水污染防治行动，实施黑臭水体治理行动，支持推进巢湖、淮河等重点流域综合治理，支持长江流域水污染治理、水生态修复、水资源保护，落实共抓大保护、不搞大开发要求；支持实施净土行动，支持土壤污染治理和农业面源污染防治，推动生态环境质量总体改善。统筹支持山水林田湖草生态保护修复，推进“三河一湖一园一区”生态文明示范创建，巩固完善新安江流域和大别山水环境生态补偿试点成果，在全省范围内建立地表水断面生态补偿机制。设立河长制、林业增绿增效行动等专项资金，支持深化生态环境监管体制改革。加大资金支持力度，深入推进美丽乡村建设及农村厕所、垃圾、污水专项整治“三大革命”，支持完成自然村 80 万常住农户卫生厕所改造、完成 200 个乡镇政府驻地污水设施建设，支持分类推进村（庄）台、保庄圩整治，持续改善沿淮行蓄洪区人居条件。支持节能环保、清洁生产、清洁能源等产业发展，使主要污染物排放量继续明显减少，推进资源全面节约和循环利用，实现绿水青山和金山银山有机统一。

（四）着力保障改善民生和创新社会治理

坚持以人民为中心的发展思想，围绕“幼有所育、学有所教、劳有所得、病有所医、老有所养、住有所居、弱有所扶”，持续加大民生投入力度，扎实做好民生工作。牵头实施 33 项民生工程，聚焦民生短板，加大基层基本民生和贫困地区民生建设力度，新增学前教育、智慧医疗与家庭医生签约服务、农村环境“三大革命”等 6 项民生工程，加大资金投入，健全管养机制，完善民生工作绩效、责任、激励、监查问责“四位”一体的工作推进机制，压实部门和市县项目主体责任，加强工程类项目设计、施工、监理和检测各个环节的监督，提升工程实施绩效，推进解决重点民生问题，确保民生政策落到实处。全省民生工程计划投入 1067 亿元，较上年增长 13.5%。全面贯彻打好脱贫攻坚战的要求，落实财政保障责任，持续加大财政投入，深入推进贫困县涉农资金整合，省级财政新增扶贫专项资金 50%以上用于 9 个深度贫困县，加大对 32 个贫困地区基层基本公共服务功能建设的支持力度。同时，加大对非贫困地区基层基本公共服务功能建设支持力度。办好公平优质教育，支持全面实施第三期学前教育行动计划，支持新建、改扩建公办幼儿园 300 个，加大普及高中阶段教育投入，支持职业教育产教融合、校企合作，支持推进一流大学和一流学校建设，支持推进首批 364 所智慧示范学校和实验学校建设，支持民办教育发展，提高教育发展水平。推动文化事业繁荣发展，支持公共文化建设和省美术馆、百戏城、科技馆建设，扩大政府购买服务基层公益文化岗位试点，支持培育一批专精特新中小文化企业，支持推进文化产业示范基地建设。支持全面实施全民参保计划，提高退休人员基本养老金标准，提高财政负担的城乡居民养老保险基础养老金最低标准水平，适时调整优抚补助标准，统筹支持城乡社会救助体系，支持开展居家和社区养老服务改革试点，支持推进养老服务体系建设，加强多层次社会保障体系建设；持续深化医药卫生体制综合改革，稳妥推进省、市（县、区）公立医院债务化解，着力健全公立医院政府投入机制，提高城乡居民基本医疗保障财政补助标准，继续提高基本公共卫生经费标准，支持推进医联体、县域医共体建设，支持完善智慧医疗试点示范，支持发展中医药事业，推进健康安徽建设。支持深化平安安徽建设，支持推进司法体制改革试点，推动完善社会纠纷化解机制，支持深入开展“铸安行动”，强化食品药品监管，推动形成有效的社会治理、良好的社会秩序，促进社会和谐稳定。积极支持国防建设。积极支持深化监察体制改革试点。

（五）着力深化财税体制改革和严格防控政府债务风险

按照财税改革总体部署，进一步完善政府预算体系，持续推进预算信息公开，拓展预算公开评审论证，强化对资金使用的全方位监督，避免资金使用“碎片化”、重复安排和固化投向，推动建立全面规范透明、标准科学、约束有力的预算制度。细化预算编制，健全预算支出标准，滚动编制中期财政规划，完善预算项目储备机制，严格落实预算支出执行通报制度，进一步减少资金沉淀，加快预算执行进度，提高预算执行质量和效率。进一步落实营改增试点等改革政策，配合推进增值税、资源税等立法，做好个人所得税税制改革前期准备，积极推进健全地方税体系。分领域推进省以下财政事权和支出责任划分改革，贯彻落实中央和地方收入划分总体方案，推动建立权责清晰、财力协调、区域均衡的省以下财政体制。按照中央及省委、省政府部署和财政部安排，健全以政府债券为主体的政府举债融资机制，全部完成政府存量债务置换，推进政府专项债券改革，发挥规范举债对经济社会发展的支持作用。按照坚决打好市县政府隐性债务清理战、隐性债务存量稳妥处置战、隐性债务增量严控战“三大战役”的部署，落实“四清四实”要求，制定加强隐性债务风险防控的工作方案，全面开展隐性债务清理和梳理工作，依法依规、积极稳妥做好分步分类分级化解工作，建立对地方政府违规举债的问责机制，规范政府举债行为，严控债务风险。

（六）着力加强财政资金绩效管理

紧紧围绕提升财政资金使用效益，将绩效理念和方法深度融入预算编制、执行和监督的全过程，覆盖四本预算，完善绩效公开、报告和问责制度，形成可考核、可量化、可追溯、可约束的“四位一体”绩效管理制度体系。强化绩效目标管理，加强绩效目标执行动态监控，建立预算安排与绩效目标、资金使用效果挂钩的激励约束机制，推动绩效评价提质扩围，提升财政资金使用绩效。创新财政支持方式，支持政府与社会资本（PPP）合作，推进“资金改基金、拨款改股权、无偿改有偿”，更加注重加强资金监管和绩效提升，充分发挥财政资金的支持引导和撬动作用。牢固树立过紧日子思想，从严控制一般性支出，坚决反对铺张浪费和大手大脚花钱，将更多的资金用于促进发展和保障改善民生。

第三章 安徽财政持续助力脱贫攻坚

2017年底，安徽贫困人口由2012年的679.1万人降至120.2万人，贫困人口绝对规模降低82%，贫困发生率由12.6%下降到2.2%，为实现“2018年实现70万人以上贫困人口脱贫、700个以上贫困村出列、10个国家级和8个省级贫困县摘帽；2019年实现40万左右贫困人口脱贫、剩余贫困村全部出列、贫困县全部摘帽；2020年实现剩余约10万贫困人口全部脱贫”三年滚动计划目标打下了坚实基础。2018年，安徽财政将持续发力贫困地区、贫困人口，全面贯彻落实党的十九大关于脱贫攻坚新部署新要求：坚持精准扶贫、精准脱贫，按照“七个不落、一个不少”工作要求，真正下足“绣花”功夫，全面完成脱贫攻坚任务。

一、2017年安徽脱贫攻坚任务解析

2017年，在党中央国务院的坚强领导下，安徽省委省政府依据贫困人口实际分布，结合脱贫攻坚战主要成果，根据安徽省“十三五”期间脱贫攻坚滚动计划和各市、县（市、区）上报的2017年脱贫攻坚任务计划，2017年安徽省全省计划实现93.38万贫困人口脱贫，表3-1为2017年安徽省脱贫任务分解。

表3-1 2017年安徽省脱贫任务分解

序号	地 区	贫困县摘帽数（个）	贫困村出列数（个）	贫困人口脱贫数（人）
	全省合计	2	1122	933837
一	合肥市	0	0	16069
1	长丰县	0	0	364
2	肥东县	0	0	49

（续表）

序号	地　区	贫困县摘帽数（个）	贫困村出列数（个）	贫困人口脱贫数（人）
3	肥西县	0	0	0
4	庐江县	0	0	15500
5	巢湖市	0	0	156
二	淮北市	0	15	7810
6	濉溪县	0	15	7810
三	亳州市	1	89	137341
7	谯城区	1	20	15240
8	蒙城县	0	18	20760
9	涡阳县	0	43	33048
10	利辛县	0	8	68293
四	宿州市	0	105	110749
11	埇桥区	0	17	21575
12	灵璧县	0	30	19639
13	泗　县	0	15	13000
14	砀山县	0	15	20120
15	萧　县	0	28	36415
五	蚌埠市	0	0	21225
16	固镇县	0	0	6099
17	怀远县	0	0	10090
18	五河县	0	0	5036
六	阜阳市	0	170	191984
19	颍州区	0	15	8500
20	颍泉区	0	7	16734
21	颍上县	0	30	36400
22	界首市	0	19	11853
23	临泉县	0	36	38881
24	阜南县	0	28	34228
25	颍东区	0	15	19292

（续表）

序号	地　区	贫困县摘帽数（个）	贫困村出列数（个）	贫困人口脱贫数（人）
26	太和县	0	20	26096
七	淮南市	0	57	30803
27	寿　县	0	25	22750
28	凤台县	0	17	2295
29	潘集区	0	13	5240
30	毛集区	0	2	518
八	滁州市	0	44	45728
31	明光市	0	4	2778
32	来安县	0	0	3300
33	全椒县	0	4	3530
34	凤阳县	0	10	7000
35	定远县	0	26	29120
九	六安市	0	228	127550
36	金安区	0	68	17000
37	裕安区	0	25	22750
38	霍邱县	0	50	27300
39	金寨县	0	10	25480
40	霍山县	0	0	9000
41	舒城县	0	65	20020
42	叶集区	0	10	6000
十	马鞍山市	0	26	9375
43	含山县	0	15	4716
44	和　县	0	11	4659
十一	芜湖市	0	37	30171
45	无为县	0	35	22750
46	南陵县	0	2	7421
十二	宣城市	0	97	955
47	郎溪县	0	28	113

（续表）

序号	地　区	贫困县摘帽数（个）	贫困村出列数（个）	贫困人口脱贫数（人）
48	宣州区	0	13	160
49	泾　县	0	34	128
50	绩溪县	0	14	529
51	旌德县	0	8	25
十三	铜陵市	0	22	28210
52	枞阳县	0	22	28210
十四	池州市	0	24	19904
53	贵池区	0	4	6205
54	青阳县	0	6	2000
55	石台县	0	14	5199
56	东至县	0	0	6500
十五	安庆市	1	123	131424
57	宜秀区	0	8	2384
58	怀宁县	0	7	8749
59	桐城市	0	26	14022
60	望江县	0	21	31850
61	潜山县	0	15	19400
62	太湖县	0	17	26879
63	宿松县	0	20	22850
64	岳西县	1	9	5290
十六	黄山市	0	85	24539
65	祁门县	0	21	4000
66	休宁县	0	14	4800
67	黄山区	0	10	3000
68	徽州区	0	8	1300
69	歙　县	0	25	9500
70	黟　县	0	7	1939

数据来源：安徽省扶贫办。

由表 3－1 可以看出，2017 年，安徽省脱贫压力相对较大，脱贫总规模达到 933837 人，是决胜脱贫攻坚战胜利的关键时期，也是全面建成小康社会的关键之举。在部分地区，特别是皖北、皖西，脱贫压力相对更大，如图 3－1 所示。

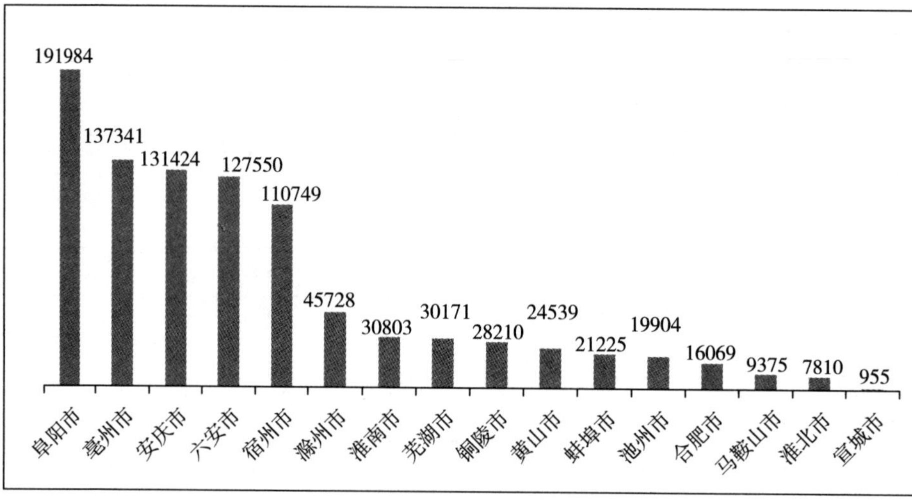

图 3－1 安徽省各地级市脱贫任务分解

资料来源：安徽省扶贫办。

相比较而言，依据本报告第一章、第二章内容可知，在脱贫任务超过 10 万人的地级市里，其人均财政收支在安徽省均处于相对较低的水平上，这为财政持续支持脱贫攻坚工作带来了一定压力。

由表 3－2 可以看出，脱贫任务较重的区县，皖北最为显著，脱贫任务超过 3 万人的区县 2017 年一共有 7 个，皖北有 6 个；皖东南脱贫任务相对较轻，脱贫任务低于 1000 人以下的区县有 9 个，绝大部分处于皖东南。

表 3－2 安徽省各县脱贫任务分解

序号	地　区	贫困县摘帽数（个）	贫困村出列数（个）	贫困人口脱贫数（人）
1	利辛县	0	8	68293
2	临泉县	0	36	38881
3	萧　县	0	28	36415

（续表）

序号	地 区	贫困县摘帽数（个）	贫困村出列数（个）	贫困人口脱贫数（人）
4	颍上县	0	30	36400
5	阜南县	0	28	34228
6	涡阳县	0	43	33048
7	望江县	0	21	31850
8	定远县	0	26	29120
9	枞阳县	0	22	28210
10	霍邱县	0	50	27300
11	太湖县	0	17	26879
12	太和县	0	20	26096
13	金寨县	0	10	25480
14	宿松县	0	20	22850
15	寿 县	0	25	22750
16	裕安区	0	25	22750
17	无为县	0	35	22750
18	埇桥区	0	17	21575
19	蒙城县	0	18	20760
20	砀山县	0	15	20120
21	舒城县	0	65	20020
22	灵璧县	0	30	19639
23	潜山县	0	15	19400
24	颍东区	0	15	19292
25	金安区	0	68	17000
26	颍泉区	0	7	16734
27	庐江县	0	0	15500
28	谯城区	1	20	15240
29	桐城市	0	26	14022
30	泗 县	0	15	13000
31	界首市	0	19	11853

（续表）

序号	地　区	贫困县摘帽数（个）	贫困村出列数（个）	贫困人口脱贫数（人）
32	怀远县	0	0	10090
33	歙　县	0	25	9500
34	霍山县	0	0	9000
35	怀宁县	0	7	8749
36	颍州区	0	15	8500
37	濉溪县	0	15	7810
38	南陵县	0	2	7421
39	凤阳县	0	10	7000
40	东至县	0	0	6500
41	贵池区	0	4	6205
42	固镇县	0	0	6099
43	叶集区	0	10	6000
44	岳西县	1	9	5290
45	潘集区	0	13	5240
46	石台县	0	14	5199
47	五河县	0	0	5036
48	休宁县	0	14	4800
49	含山县	0	15	4716
50	和　县	0	11	4659
51	祁门县	0	21	4000
52	全椒县	0	4	3530
53	来安县	0	0	3300
54	黄山区	0	10	3000
55	明光市	0	4	2778
56	宜秀区	0	8	2384
57	凤台县	0	17	2295
58	青阳县	0	6	2000
59	黟　县	0	7	1939

（续表）

序号	地　区	贫困县摘帽数（个）	贫困村出列数（个）	贫困人口脱贫数（人）
60	徽州区	0	8	1300
61	绩溪县	0	14	529
62	毛集区	0	2	518
63	长丰县	0	0	364
64	宣州区	0	13	160
65	巢湖市	0	0	156
66	泾　县	0	34	128
67	郎溪县	0	28	113
68	肥东县	0	0	49
69	旌德县	0	8	25

资料来源：安徽省扶贫办。

二、2017年安徽财政助力脱贫攻坚战

2017年，安徽财政瞄准特殊贫困群体实施精准帮扶，整合创新产业、易地搬迁、就业、教育、健康等扶贫政策，集中火力攻克深度贫困"堡垒"。在产业扶贫（特色种植业扶贫、乡村旅游扶贫、光伏扶贫、集体经济扶贫、电商扶贫等）、健康扶贫、异地拆迁扶贫、教育扶贫等项目中，财政发挥着积极作用，助力安徽省打赢脱贫攻坚战。安徽省各区县财政投入与脱贫实现情况见表3-3所列。

表3-3　安徽省各区县财政投入与脱贫实现情况

序号	地　区	年初贫困人口脱贫数（人）	年初贫困人口脱贫数（万人）	整合资金（亿元）
1	临泉县	38881	3.96	15.6
2	萧　县	36415	4.3369	10.72
3	颍上县	36400	3.6983	19.62
4	阜南县	34228	3.4	31.1
5	涡阳县	33048	3.3048	14.25

（续表）

序号	地　区	年初贫困人口脱贫数（人）	年初贫困人口脱贫数（万人）	整合资金（亿元）
6	定远县	29120	2.9	6.5
7	霍邱县	27300	2.7	8.5
8	太湖县	26879	2.7132	4.9
9	太和县	26096	2.61	8.2
10	宿松县	22850	2.3	5.2
11	寿　县	22750	2.275	6.19
12	裕安区	22750	2.306	5.2
13	无为县	22750	2.2964	5.8
14	埇桥区	21575	2.19	19.3
15	蒙城县	20760	2.5274	3.6
16	砀山县	20120	2.0488	3.8
17	舒城县	20020	2.04	14.6
18	灵璧县	19639	2.0009	6.5
19	颍东区	19292	1.9886	3.6
20	金安区	17000	1.7	11
21	颍泉区	16734	1.67	3.42
22	谯城区	15240	2.1396	11
23	桐城市	14022	1.4199	1.01
24	界首市	11853	1.1853	3.5
25	怀远县	10090	1.405	1.4
26	霍山县	9000	0.9174	1.13
27	怀宁县	8749	0.8749	1.1
28	颍州区	8500	0.85	4.09
29	贵池区	6205	0.6205	0.6645
30	固镇县	6099	0.6099	0.8872
31	叶集区	6000	0.61	2.1
32	岳西县	5290	1.4863	13.5

（续表）

序号	地　区	年初贫困人口脱贫数（人）	年初贫困人口脱贫数（万人）	整合资金（亿元）
33	潘集区	5240	0.3596	1.5
34	石台县	5199	0.5199	1.24
35	五河县	5036	0.379	1.42
36	含山县	4716	0.4716	1.1
37	和　县	4659	0.4735	0.4936
38	祁门县	4000	0.4	0.5634
39	全椒县	3530	0.353	0.79
40	宜秀区	2384	0.2398	0.3704
41	黟　县	1939	0.1995	0.2479
42	徽州区	1300	0.1321	0.5458

资料来源：安徽省扶贫办与各相关区县 2018 年政府工作报告。

数据说明：由于各区县 2018 年政府工作报告以及其他公开渠道尚未完全公布脱贫和财政支持情况，所以本表数据并非安徽省全部区县财政精准脱贫数据。

从政策实施情况来看，财政精准脱贫支出以当地脱贫任务为根本导向，同时也与经济发展水平、财政收入水平等因素有关。这既是对现有财政精准扶贫、脱贫工作的总结，也是对今后一段时间财政涉农支出的调整，将更多的优质资金投入脱贫工作上来。

从图 3－2 可以看出：各区县财政脱贫支出差异较为显著，财政统筹资金最高已经超过人均 9 万元，较低的区县，则为 1000 元左右。具体来看，安徽省精准脱贫财政支出呈现几个方面的特征：

一是皖北片区针对贫困人口的财政支出力度相对较强、皖中南相对较弱，这与表 3－1 所列的脱贫任务基本一致。在《安徽财政发展研究报告（2017)》中，我们主张在现有财政支出结构基础之上，持续强化皖北的财政精准脱贫力度，在 2017 年安徽财政支持精准脱贫方面已经得到了证实。

二是攻坚阶段的财政脱贫支出规模会持续扩大。结合《安徽财政发展研究报告（2017)》相关数据分析发现，2017 年，安徽省财政精准脱贫支持规模，无论是相对规模还是绝对规模，都有明显增加，特别是在皖北地区。这进一步体现出皖北脱贫任务重、贫困发生率相对较高的特征；党和政府对脱贫工作的高度重视，始终把贫困地区脱贫工作作为最大政治任务和第一民生工程；现阶段财政支农支出的阶段性特征。

三是财政脱贫支出中的内部结构将得到进一步优化调整。伴随着皖北脱贫攻坚工作的加速推进，财政精准脱贫的重点将放在防止返贫、收入保障机制建设上，这会为后来的经济结构调整提供可能性空间。

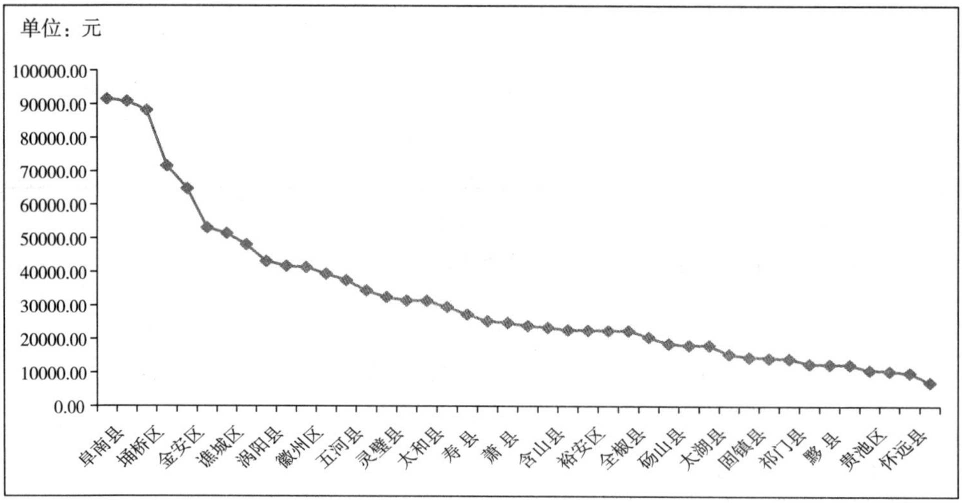

图 3-2 安徽省各区县贫困人口人均财政支出

资料来源：安徽省各相关区县 2018 年政府工作报告。

数据说明：由于各区县 2018 年政府工作报告以及其他公开渠道尚未完全公布脱贫和财政支持情况，所以本图数据并非安徽省全部区县财政精准脱贫数据。

三、2018 年安徽财政持续助力精准脱贫攻坚战

2018 年，安徽财政将在省委省政府的坚强领导下，持续助力安徽精准脱贫工作的开展，全力助推安徽“全省 70 万人以上贫困人口脱贫、700 个以上贫困村出列、10 个国家级和 8 个省级贫困县摘帽”精准脱贫工作目标的实现。具体设想如下：

在财政资金使用方向选择上，强化对产业扶贫项目的支持。作为

扶贫、脱贫工作的重要着力点，产业扶贫始终是脱贫策略的重要选择。按照省委省政府关于脱贫攻坚的决策部署，统筹推进“五位一体”总体布局和协调推进“四个全面”战略布局，牢固树立和贯彻落实“创新、协调、绿色、开放、共享”的发展理念，以拓宽贫困户增收渠道、帮助贫困户增收脱贫为目标，积极发展符合地区经济社会发展实际的扶贫产业，特别是在贫困地区发展有相对竞争力的产业，强化扶贫项目对贫困户的带动作用。具体使用方向上，重点支持特殊种植业、渔业（特殊渔业）、乡村旅游、电子商务、光伏等脱贫产业发展。

在财政资金使用区域选择上，集中对深度贫困地区的支持。深度贫困地区是脱贫攻坚的重中之重，是财政精准脱贫工作的重点任务。按照习近平总书记提出的“新增脱贫攻坚资金主要用于深度贫困地区”要求，加大财政支持力度，坚持既“输血”又“造血”，补短板、促发展，推进深度贫困县脱贫攻坚，支持和保障深度贫困县打赢脱贫攻坚战。2018 年，安徽财政部门将财政扶贫工作重心聚焦到深度贫困地区脱贫攻坚这场硬仗，全力支持打赢深度贫困脱贫攻坚战。安徽财政部门深刻认识深度贫困地区如期完成脱贫攻坚任务的艰巨性、重要性、紧迫性，力图把深度贫困地区脱贫攻坚，摆到新时代我们党实现历史使命、兑现庄严承诺的高度，放到全面建成小康社会的全局，以对党、对人民、对历史负责的态度，扎实推进深度贫困地区脱贫攻坚，确保脱贫攻坚决战必胜。特别是皖北片区、皖西地区的深度贫困地区，更应在财政资金安排上予以适当倾斜。

在财政资金使用策略组合上，夯实“输血基础”提升“造血能力”。受地理环境、经济发展程度、经济发展基础等因素影响，贫困地区特别是深度贫困地区的市场竞争能力偏弱、经济发展水平持续较低，贫困地区“贫血”现象十分普遍，这需要财政资金在使用时，要着力夯实“输血基础”，缓解“贫困疼痛”、解决“燃眉之急”。但真正要实现脱贫目标，则必须利用财政资金提高经济发展水平，解决竞争力低下问题，提升贫困地区、贫困居民自身的“造血能力”，使“输血”的功能发挥到最大，“造血”的效应扩散到最大。

第四章 安徽省 PPP 模式发展环境、现状及前景分析

PPP 模式在推进供给侧结构性改革、创新投融资机制以及公共品供给提质增效方面具有重要意义。经济体制改革的核心是处理好政府和市场的关系，使市场在资源配置中起决定性作用的同时更好地发挥政府作用。十九大报告中特别提及要“支持民营企业发展，激发各类市场主体活力”。安徽省 PPP 模式的发展分析将服务于我省深化经济体制改革和拉动经济的双重需要。

第一节 安徽省 PPP 模式的发展环境

一、安徽省 PPP 模式发展的政策环境

法律法规政策环境是安徽省 PPP 模式发展的土壤。国家层面，目前涉及 PPP 模式发展的法律法规多为部门规章和行业规定，其中国务院各机构发布的 20 个，中央其他机构发布的 20 个，涉及不同的法规类别，包括机关工作（6 个）、“一带一路”（1 个）、国有资产（1 个）、财政（4 个）、会计（8 个）、银行（1 个）、外汇（7 个）、证券（11 个）、建设业（1 个）、农业（1 个）、环境保护（2 个）。如 2017 年 7 月 18 日财政部、住房和城乡建设部、农业部、环境保护部印发《关于政府参与的污水、垃圾处理项目全面实施 PPP 模式的通知》以及 2017 年 8 月 21 日，财政部、民政部、人力资源社会保障部出台《关于运用政府和社会资本合作模式支持养老服务业发展的实施意见》等系列政策，为充分吸引社会资本参与相关领域建设发展营造了良好环境。

为了更好地规范和引导安徽省 PPP 模式的发展，我省人民政府办公厅于 2017 年 9 月 12 日印发了《安徽省支持政府和社会资本合作（PPP）若干政策的通知》（皖政办〔2017〕71 号），该通知属于地方规范性文件，指引意义较强。截至 2017 年 12 月，安徽省 PPP 模式运行的法律政策支持见表 4－1 所列。

表 4－1 安徽省 PPP 模式运行的法律政策支持

	名称	发布部门	发文字号	发布日期
1	安徽省人民政府办公厅关于印发安徽省支持政府和社会资本合作（PPP）若干政策的通知	安徽省政府	皖政办〔2017〕71 号	2017.9.12
2	淮南市人民政府办公室转发安徽省人民政府办公厅关于印发安徽省支持政府和社会资本合作（PPP）若干政策的通知	淮南市政府	淮府办〔2017〕72 号	2017.10.23
3	滁州市人民政府办公室关于成立滁州市政府和社会资本合作（PPP）工作领导小组的通知	滁州市政府	滁政办秘〔2017〕85 号	2017.06.16
4	阜阳市人民政府关于市城南新区水系综合治理（Ⅰ－2 期）PPP 项目实施方案的批复	阜阳市政府	阜政秘〔2017〕155 号	2017.06.01
5	铜陵市人民政府办公室转发市财政局关于进一步加强政府和社会资本合作（PPP）工作推进方案的通知	铜陵市政府	办〔2017〕18 号	2017.03.06
6	安徽省林业厅关于报送林业政策贷款和 PPP 项目 2017 年度建议清单的通知	安徽省林业厅	林计函〔2017〕130 号	2017.02.22
7	宿州市人民政府办公室关于推广政府和社会资本合作（PPP）模式的实施意见	宿州市政府	宿政办秘〔2017〕9 号	2017.02.04
8	淮南市人民政府办公室关于印发淮南市政府和社会资本合作模式（PPP）前期服务引导基金管理暂行办法的通知	淮南市政府	淮府办〔2016〕50 号	2016.07.14
9	阜阳市人民政府办公室关于印发阜阳市城市基础设施 PPP 建设模式试点工作实施方案的通知	阜阳市政府	阜政办秘〔2016〕18 号	2016.03.01

（续表）

	名称	发布部门	发文字号	发布日期
10	黄山市人民政府办公厅关于印发《黄山市城市基础设施 PPP 建设项目竞争性谈判、磋商操作指南》的通知	黄山市政府	黄政办秘〔2015〕63 号	2015.11.26
11	六安市人民政府办公室印发关于利用 PPP 模式建设城市公共自行车服务系统实施方案的通知	六安市政府	六政办秘〔2015〕133 号	2015.10.16
12	黄山市人民政府关于进一步做好政府和社会资本合作（PPP）工作的通知	黄山市政府	黄政秘〔2015〕25 号	2015.09.08
13	马鞍山市人民政府关于印发政府和社会资本合作（PPP）模式试点工作实施方案的通知	马鞍山市政府	马政秘〔2015〕29 号	2015.06.02
14	安庆市人民政府办公室关于成立安庆市城市基础设施 PPP 试点工作领导小组的通知	安庆市政府	宜政办秘〔2014〕126 号	2014.12.30
15	铜陵市人民政府办公室关于印发铜陵市推进城市基础设施 PPP 建设模式试点工作实施方案的通知	铜陵市政府	办〔2014〕127 号	2014.11.27

目前，关于 PPP 模式发展的相关法律文件多为意见、通知等形式，权威性不足，安徽省相关法律规范欠缺一贯性，不利于后续可能的争议处理。此外，现阶段的规章制度缺乏较为完整的法律体系，相关的制度较为片面分散，不利于管理的协调一致。再者，目前的规定较为笼统，实际操作的导向性有待提升，精准细化的规定亟待推出。

二、安徽省 PPP 模式发展的经济环境

经济新常态下，我国经济处于深度调整期，安徽省经济发展水平仍位于全国中等水平。随着地方政府债务监管趋严、城投债和专项建设债大幅回落，拥有财政杠杆效用的 PPP 模式的需求度较高，在多个领域被“委以重任”。特别是财力较弱而基建需求较大的中西部省份，如安徽、湖南、云南、河南等省 PPP 项目数量较多。我省融资需求

大，推出的 PPP 项目较多，有些项目风险较高，但是回报也相对较高，市场主体会综合权衡做出选择。

根据财政部 PPP 综合信息平台以及民生证券研究院的测算，2017 年 PPP 实际投资规模对固定资产投资和基建投资拉动力分别为 2.0% 和 5.5%，2016 年分别为 0.72% 和 2.12%，因此固定资产投资规模的变化和 PPP 模式的发展互为影响。2017 年安徽省固定资产投资完成额稳步增加，并延续过去的增长趋势（图 4－1），主要布局在交通、能源、水网、信息等基础设施领域，PPP 模式成为重要催化剂和着力点，能够更好地盘活实体经济，拉动政府和民间投资的增速。但由于 PPP 模式运行中可能的利益主体分配不均、合同契约不完善以及成本收益误判等内生矛盾，或将制约固定资产投资的增速。

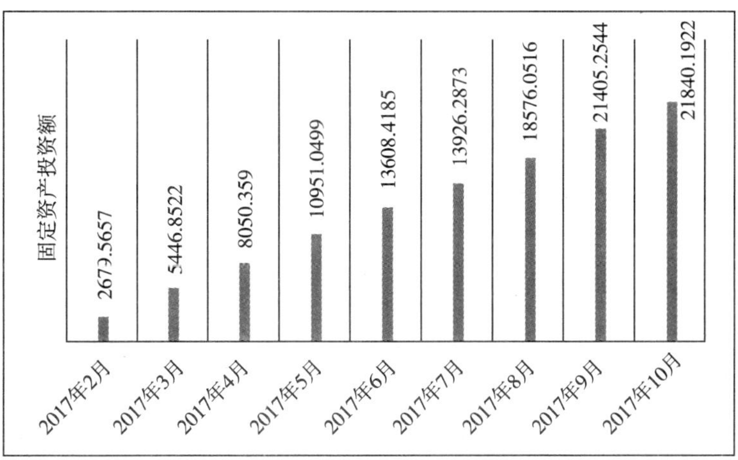

图 4－1　2017 年安徽省固定资产投资完成情况（单位：亿元）

资料来源：根据安徽省统计局有关数据整理。

第二节　安徽省 PPP 模式发展状况分析

中华人民共和国财政部于 2017 年 11 月 10 日下发《关于规范政府和社会资本合作（PPP）综合信息平台项目库管理的通知》（财办金〔2017〕92 号），文件规定：为了防止 PPP 异化为新的融资平台，坚决遏制隐性债务风险增量，各级财政部门应按要求规范全国 PPP 综合信息平台项目库；各级财政部门应按项目所处阶段将项目库分为项目储备库和项目管理库，将处于识别阶段的项目纳入项目储备清单，重点进行项目孵化和推介，将处于准备、采购、执行、移交阶段的项目，纳入项目管理库，按照 PPP 相关法律法规和制度要求，实施全生命周期管理，确保规范运作；各级财政部门应组织开展项目管理库入库项目集中清理工作，全面核实项目信息及实施方案、物有所值评价报告、财政承受能力论证报告、采购文件、PPP 项目合同等重要文件资料，对不符合要求的项目予以清退。因此，本部分按照文件精神，统计指标调整为项目管理库数据，并披露不合规清退的项目情况。下面分别从全国、省级和市级三个层面，多维度审视安徽省 PPP 项目的发展进程。

一、全国层面分析

根据财政部《全国 PPP 综合信息平台项目库第 8 期季报》公布数据，截至 2017 年 9 月 30 日，全国入库项目 14220 个，累计投资额 17.8 万亿元，其中，6778 个项目纳入管理库，投资额 10.1 万亿元；项目管理库中已落地项目 2388 个，投资额约 4.1 万亿元，落地率 35.2%。国家示范项目 697 个，累计投资额 1.8 万亿元，落地率 82.1%。我国已成为全球规模最大、最具影响力的 PPP 市场。

（一）安徽省管理库项目稳步增加，落地率位居全国第三

截至 2017 年 9 月 30 日，我省纳入财政部 PPP 项目管理库的项目 250 个，投资额 2629 亿元，PPP 规模位于全国中游水平。其中，落地数 173 个，位居全国第三，落地率 69.20%，高于全国落地率 34 个百分点（图 4－2）。环比净增落地项目数安徽 33 个，全国排名第二。与 2016 年末相比，今年累计净增落地项目数前三位是安徽 102 个、山东（含青岛）99 个、河南 83 个，合计占全国今年累计净增数的 27.4%。

（二）安徽省国家级示范项目数全国名列前茅，落地率高于全国平均水平

截至 2017 年 9 月 30 日，安徽国家级示范项目第一、二、三批分别为 4 个、7 个、32 个，共 43 个，总投资 920.49 亿元。在全国 30 个

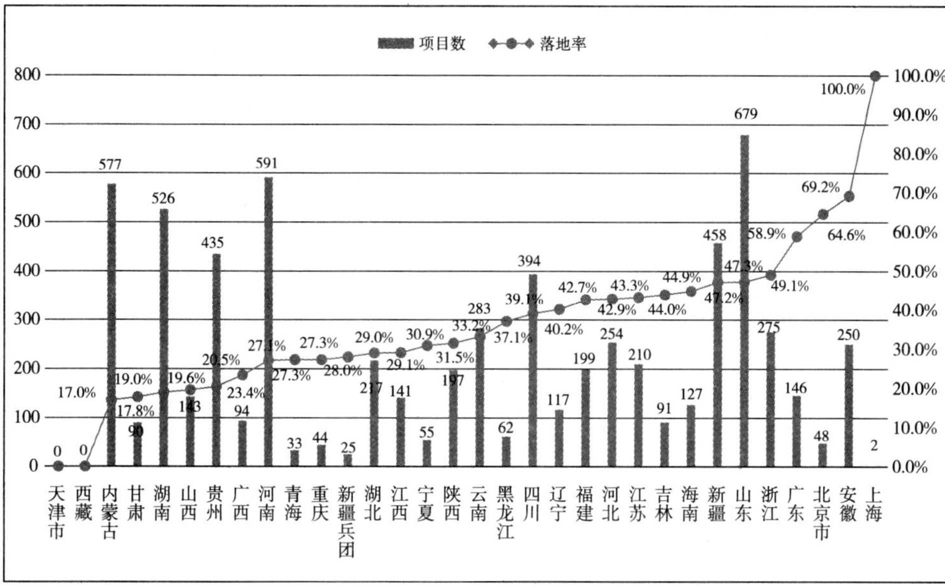

图 4-2　全国各地区 PPP 项目数分布及落地情况（按落地率的升序排列）

资料来源：根据财政部政府和社会资本合作中心有关数据整理。

省市中，项目数排名第五。其中，38 个已落地，落地项目数仅次于河南（52 个）、云南（47 个）、山东（44 个），列居全国第四，落地率 88.4%，比全国平均落地率 82.1%，高出 6.3 个百分点（图 4-3）。

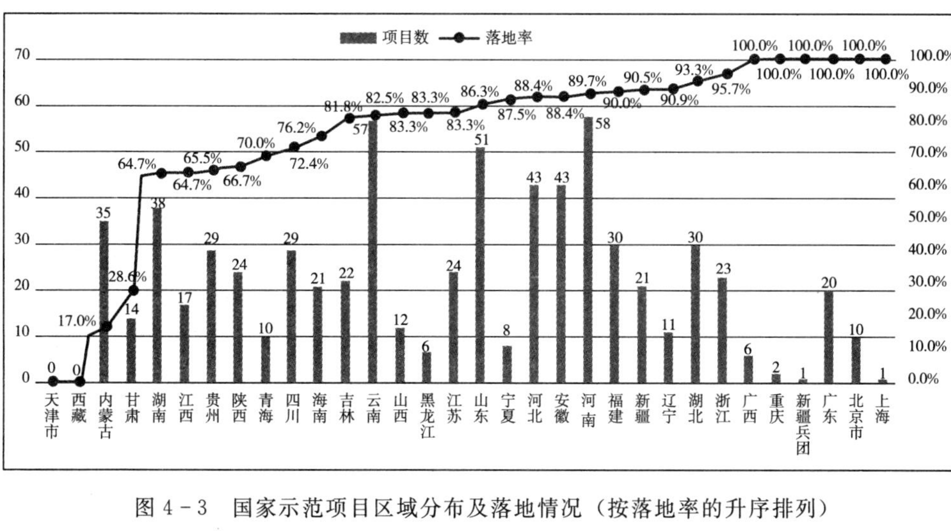

图 4-3　国家示范项目区域分布及落地情况（按落地率的升序排列）

资料来源：根据财政部政府和社会资本合作中心有关数据整理。

二、省级层面分析

（一）全省 PPP 入库项目持续增加，落地率快速提升

1. 入库项目数和投资金额增长明显。表 4-2 中，从 2017 年 3 月底至 9 月底，全省入库总数由 198 项增加至 250 项，净增加 52 项，增长率 26.3%，增速较快；总投资金额由 3 月底的 2274.84 亿元，增加至 9 月底的 2629.12 亿元，增长率为 15.57%。

表 4-2　2017 年前三季度各阶段情况对比表　　单位：亿元

日期＼阶段	入库总数	准备阶段		采购阶段		执行阶段		落地率
		个数	金额	个数	金额	个数	金额	
2017 年 3 月底	198	46	546.60	57	846.37	95	881.87	47.98%
2017 年 6 月底	224	47	439.47	37	576.03	140	1438.75	62.50%
2017 年 9 月底	250	16	190.53	53	554.39	181	1884.19	69.20%

资料来源：根据安徽省财政厅和财政部政府和社会资本合作中心有关数据整理。

2. 落地项目数快速上升。2017 年 9 月底，全省处于项目准备、采购、执行阶段的项目数分别为 16 个、53 个和 181 个，投资额分别为 190.53 亿元、554.39 亿元和 1884.19 亿元。入库项目均已完成项目实施方案编制、物有所值评价和财政承受能力论证审核。与前两个季度相比，大部分的 PPP 项目由准备阶段顺利进入采购阶段和执行阶段（图 4-4 和图 4-5）。2017 年 9 月底落地项目数较 3 月底（95 个）、6 月底（140 个）呈持续上升态势，落地率也由年初的 47.98%，提升至 69.20%（图 4-2）。

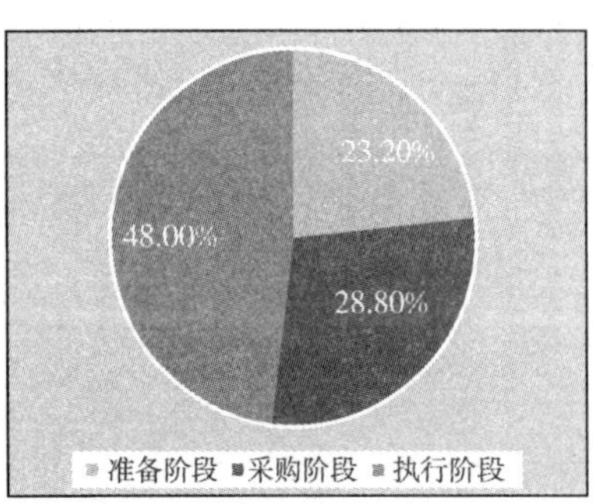

图 4-4　2017 年 3 月底安徽省项目阶段情况

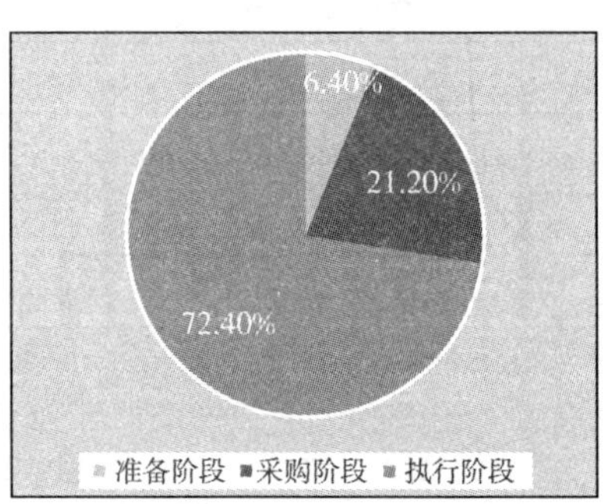

图 4-5　2017 年 9 月底安徽省项目阶段情况

资料来源：根据财政部政府和社会资本合作中心有关数据整理。

（二）行业集中度高，市政工程占比最大

截至 2017 年 9 月 30 日，财政部政府和社会资本合作中心 PPP 项目库中，安徽省各行业 PPP 项目数情况如图 4-6 所示。其中，市政工程、交通运输、生态建设和环境保护、城镇综合开发四个行业项目数居全省前 4 位，合计 195 个，占管理库总项目的 78%，其中市政工程项目最多，为 107 个，占总项目的比重接近 43%。文化、教育、医疗卫生、养老、体育和旅游等 6 个基本公共服务领域项目数 26 个，约占管理库的 10%。

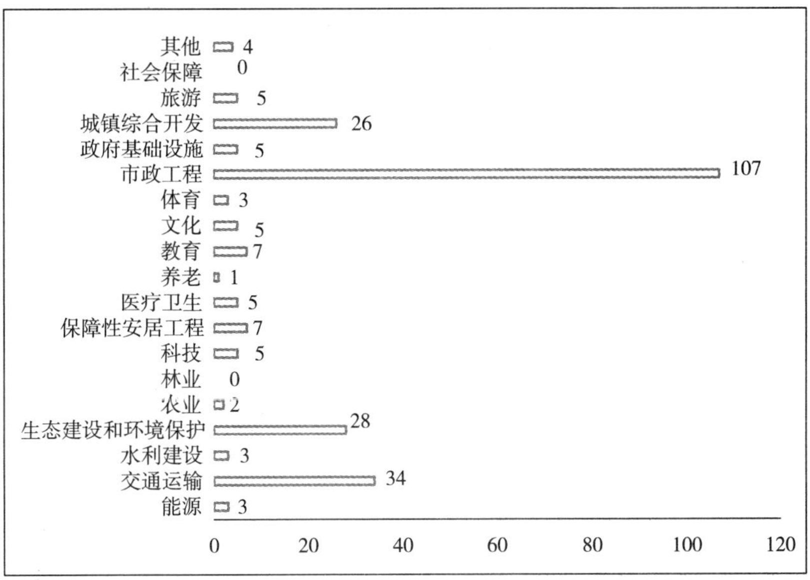

图 4-6　安徽省各行业 PPP 项目数情况

资料来源：根据财政部政府和社会资本合作中心有关数据整理。

从投资金额来看，市政工程投资金额遥遥领先（图 4-7）。2017 年 9 月底，市政工程项目投资金额达到 840.04 亿元，其次是交通运输、生态建设和环境保护，分别为 632.28 亿元、436.02 亿元，三个行业投资额合计占入库项目总投资额的 72.7%。文化、教育、医疗、养老、体育和旅游等 6 个基本公共服务领域项目投资额合计 175.14 亿元，占管理库比重为 6.67%。

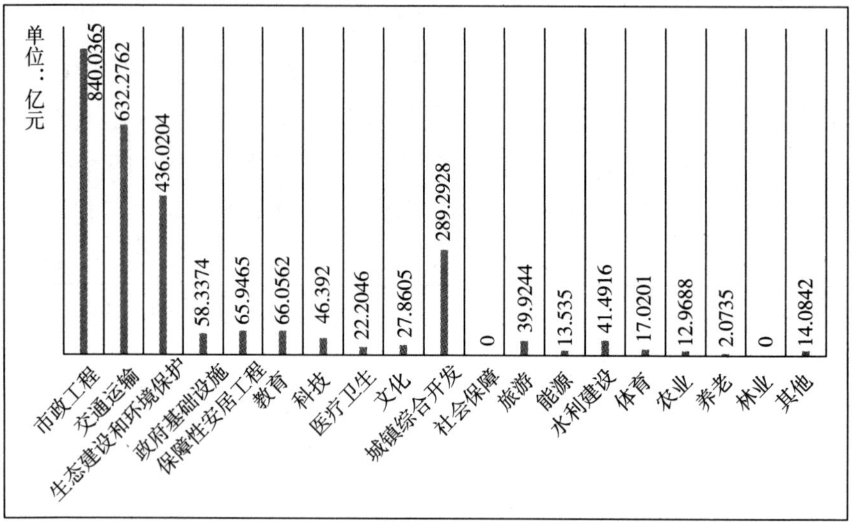

图 4-7 安徽省各行业项目投资金额情况

资料来源：根据财政部政府和社会资本合作中心有关数据整理。

（三）回报机制分布中，政府付费占比较大

按回报机制，将管理库中的项目及投资额进行整理，得到回报机制分布图 4-8。使用者付费项目 15 个，投资额 128.48 亿元，占比分别为 6%、4.9%；可行性缺口补助项目 80 个，投资额 995.25 亿元，占比分别为 32%、37.9%；政府付费项目 155 个，投资额 1501.79 亿元，占比分别为 62%、57.2%。三种回报机制中，政府付费不论是项目数还是投资金额都居首位。政府付费和可行性缺口补助项目（政府市场混合付费），合计 235 个、投资额 2497.04 亿元，分别占总数的 94%、95.1%。可见，安徽省 PPP 项目主要以政府付费和可行性缺口两种回报机制为主。

与 2016 年 10 月数据相比（图 4-9 和图 4-10），使用者付费、可行性缺口补助和政府付费项目数净增分别为－2 个、24 个、69 个，投资额净增分别为－62.85 亿元、16.58 亿元、508.29 亿元。从相对数变化来看，2017 年 9 月份比 2016 年 10 月份政府付费项目比例提高，由 54%升高至 62%，而使用者付费、可行性缺口补助比重均有不同程度的降低；三种回报机制项目的投资金额也呈相同的变化趋势，但是变化幅度略小于项目数比重的变化。

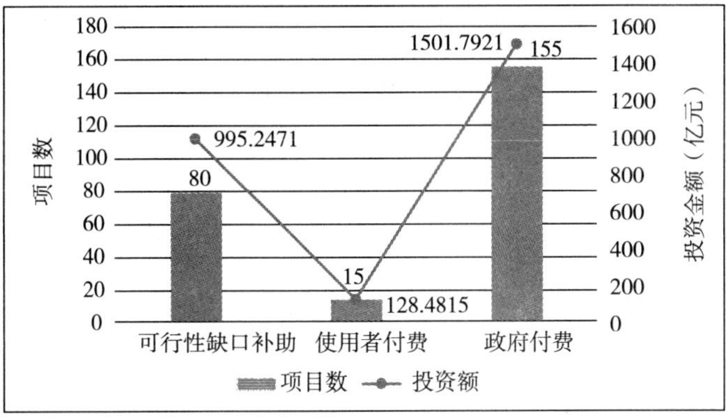

图4－8　安徽省管理库项目按回报机制分布情况

资料来源：根据财政部政府和社会资本合作中心有关数据整理。

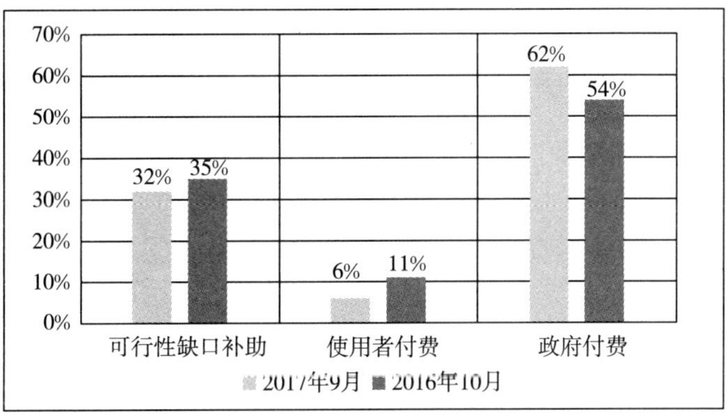

图4－9　安徽省管理库项目数按回报机制占比统计对比

资料来源：根据财政部政府和社会资本合作中心有关数据整理。

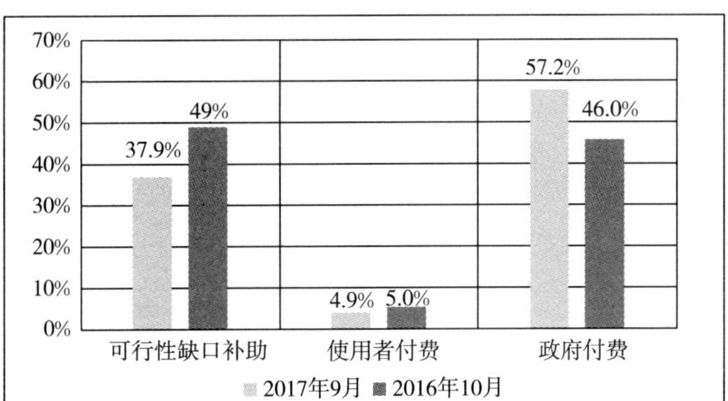

图4－10　安徽省管理库项目投资额按回报机制占比统计对比

资料来源：根据财政部政府和社会资本合作中心有关数据整理。

（四）运作方式中，BOT模式是主体

PPP项目运作方式主要包括委托运营（O&M）、管理合同（MC）、建设—运营—移交（BOT）、建设—拥有—运营（BOO）、转让—运营—移交（TOT）和改建—运营—移交（ROT）等。截至2017年9月30日，安徽省PPP项目的主要运作方式如图4-11所示。从图中可以看到，安徽省采用了包括BOT、BOO、TOT、O&M、TOT+BOT、ROT等7种运作方式。其中，BOT模式运用最多，项目数达到176个，投资额为1920.69亿元，占入库项目的比重分别为70.4%和73.2%，即安徽省PPP项目主要由社会资本或项目公司承担新建项目设计、融资、建造、运营、维护和用户服务职责，合同期满后项目资产及相关权利等移交给政府的运作方式。除去BOT模式之外，剩下6种运作方式占比较低，尤其是O&M模式，占入库比重不足1%。

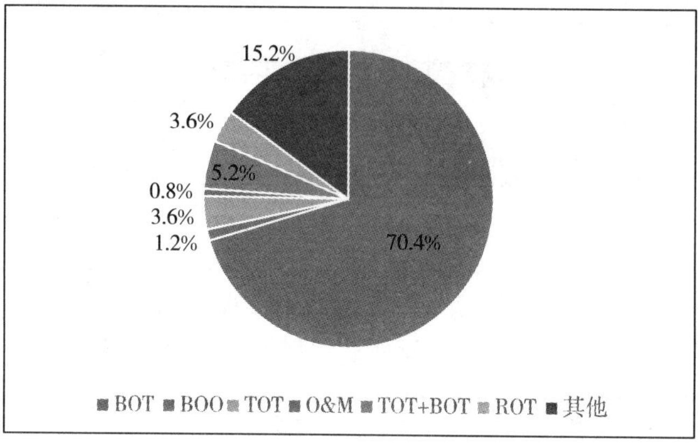

图4-11 按运作方式统计的入管理库项目数

资料来源：根据财政部政府和社会资本合作中心有关数据整理。

三、市级层面分析

（一）国家示范项目城市分布

安徽省各市国家级示范项目数及落地项目比例、投资金额如图4-12和图4-13所示。位居安徽省国家级示范项目前3名的是安庆市、阜阳市、池州市，项目数分别为8个、5个、5个。除安庆市、池州

市、六安市之外，其余城市的国家级示范项目均已进入执行阶段，落地率达到 100%。安庆市 1 项处于准备阶段，2 项处于采购阶段；池州市 1 项处于准备阶段；六安市 1 项处于采购阶段。总体上看，全省 43 项国家级示范项目，仅有 5 项未落地，PPP 项目运行态势较好。

从各市投资额来看，阜阳市、芜湖市、安庆市排名前三，投资金额分别为 175.59 亿元、146.33 亿元、143.64 亿元，三者合计占全省国家示范项目总投资的一半以上。

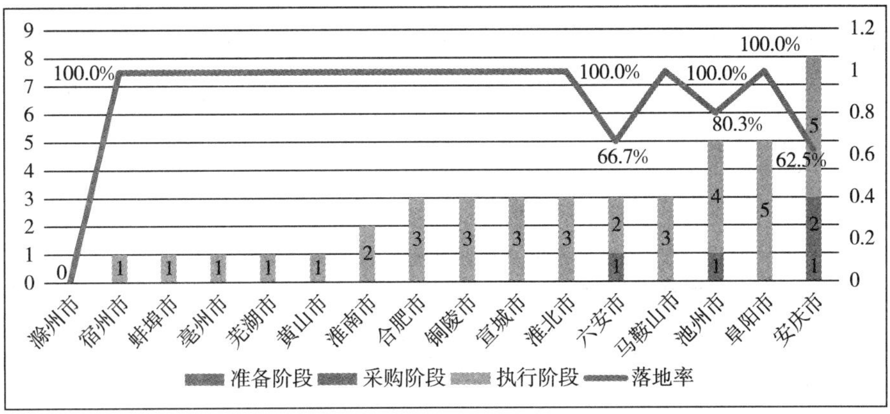

图 4－12　安徽省各市国家级示范项目数及落地项目比例（按项目数的升序排列）

资料来源：根据财政部政府和社会资本合作中心有关数据整理。

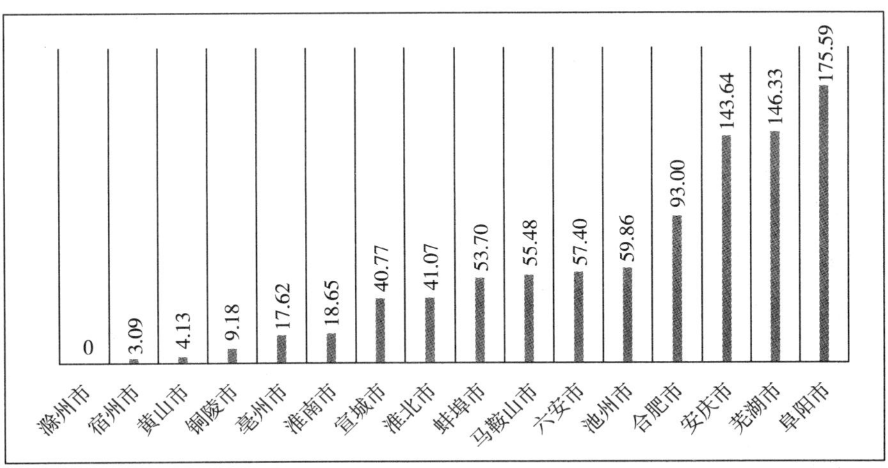

图 4－13　安徽省各市国家级示范项目投资金额（按投资额升序排列）

资料来源：根据财政部政府和社会资本合作中心有关数据整理。

（二）管理库项目城市分布

截至 2017 年 9 月 30 日，市级入库项目数位居全省前三位的城市分别是阜阳市、安庆市、宿州市，入库项目数分别为 40 个、32 个、30 个（表 4－3）。项目数排名前五位的城市合计占总项目数的比重超过 60％，即全省 PPP 项目主要集中于阜阳市、安庆市、宿州市、六安市和宣城市。从城市构成来看，部分皖北和皖南城市是安徽省 PPP 项目的主力军。

从各市投资额来看，在项目数中位列三甲的阜阳市、安庆市和宿州市仍然名列前茅。其中，阜阳市仍独占鳌头，投资额达到 478.26 亿元，占全省投资额的比重为 18.2％，位列其后的分别是芜湖市和六安市，投资额分别为 291.05 亿元、278.38 亿元。投资额排名前三位的城市占全省投资总额的比重接近 40％。

表 4－3 安徽省各市 PPP 项目数、投资额以及落地率情况

	项目数			投资额（亿元）			执行	
	数量	比重	排名	金额	比重	排名	落地率	排名
阜阳市	40	16.0％	1	478.26	18.2％	1	70.0％	8
安庆市	32	12.8％	2	271.14	10.3％	4	68.8％	10
宿州市	30	12.0％	3	252.92	9.6％	5	60.0％	15
六安市	29	11.6％	4	278.38	10.6％	3	65.5％	13
宣城市	23	9.2％	5	162.88	6.2％	6	87.0％	5
蚌埠市	13	5.2％	6	142.68	5.4％	7	69.2％	9
池州市	12	4.8％	7	96.26	3.7％	10	66.7％	11
马鞍山市	11	4.4％	8	93.60	3.6％	11	90.9％	3
滁州市	11	4.4％	9	80.59	3.1％	12	81.8％	6
黄山市	9	3.6％	10	29.82	1.1％	16	88.9％	4
合肥市	9	3.6％	11	134.70	5.1％	9	100.0％	1
亳州市	8	3.2％	12	137.26	5.2％	8	62.5％	14
淮南市	7	2.8％	13	72.82	2.8％	13	71.4％	7

（续表）

	项目数			投资额（亿元）			执行	
	数量	比重	排名	金额	比重	排名	落地率	排名
铜陵市	6	2.4%	14	39.97	1.5%	15	50.0%	16
淮北市	6	2.4%	15	63.20	2.4%	14	66.7%	11
芜湖市	4	1.6%	16	291.05	11.1%	2	100.0%	1

资料来源：根据财政部政府和社会资本合作中心有关数据整理。

从落地率来看，合肥市、芜湖市排名并列第1，落地率达到100%，即所有项目均进入执行阶段。而在项目数上占据优势的阜阳市、安庆市、宿州市，落地率却不尽人意，三者的落地率分别为70.0%、68.8%、60.0%，排名分别为第8、第10和第15，名次相对靠后。因此，今后这些城市在推动PPP项目发展的进程中，应质和量兼顾，着力提升项目的落地率。

第三节 安徽省PPP模式发展前景及分析

一、继续优化PPP模式发展环境

为了规避安徽省PPP模式发展中的政策风险、组织架构风险以及制度设计风险等显性风险，继续优化PPP模式的发展环境势在必行。首先，加强全社会信用体系建设，提升契约理念、遵从力度和共享理念，完善投资者保护政策，及时兑现各类承诺和合同约定，维护社会资本投资人的合法权益；简化项目审核流程，进一步减少审批环节，建立项目实施方案联评联审机制，提高审查工作效率，如大多数PPP项目会涉及用地问题，在此过程中，对符合划拨用地目录的项目，可按划拨方式供地，划拨土地不得改变土地用途。建成的项目经依法批准可以抵押，土地使用权性质不变，待合同经营期满后，连同公共设施一并移交政府。不符合划拨用地目录的项目，鼓励以出让、租赁方式供应土地，支持市、县人民政府以国有建设用地使用权作价出资或者入股的方式提供土地。

其次，规范发展是推进PPP模式可持续发展的基础。只有规范的PPP模式，才能为PPP发展注入持久的动力和活力。具体到法律政策环境方面：立法层次有待提升，顶层设计步伐需要加快；完整立体的法律体系亟待构建；具有实际操作及精准细化的规定要加快推出。尽快推动特许经营立法、出台PPP税收政策、制定金融支持政策、启动问责机制、完善要素市场化定价机制。同时，加强市场自律建设，规范第三方专业服务市场环境。

再者，公开透明的组织构建也是安徽省PPP模式发展的前提，PPP涉及环节多、部门多，需要发改、交通、住建、民政、农业等部门的共同参与和配合，可以借鉴《铜陵市人民政府办公室转发市财政局关于进一步加强政府和社会资本合作（PPP）工作推进方案的通知》（办〔2017〕18号）中提及的PPP联席会议制度，研究议定项目实施中的重大事项，协调解决PPP推进过程中存在的困难和问题，检查督促PPP项目实施，确保PPP项目试点工作取得实效。

最后，加强有效监管，特别是那些风险分配不合理、明股实债、政府变相兜底，重建设轻运营、绩效考核不完善，社会资本融资杠杆倍数过高等泛化异化的项目。可以将PPP项目推进情况纳入年度市党政机关重点工作目标考核，对推进力度大、项目落地快的部门和单位，给予加分鼓励。

二、适时加推具有带动性的PPP示范项目

在政策不断地催生以及地方政府的大力支持下，随着公共服务意识逐步增强、投资领域的不断细分，安徽省PPP模式的发展向好，可以适时加推具有代表性、带动性的PPP示范项目，为更多领域和省份提供可参考的借鉴。在PPP模式的推广应用中，要严把适用范围和边界，严防将商业项目和纯工程项目包装成PPP项目进行融资，继续加强PPP模式在基本公共服务领域即文化、体育、医疗、养老、教育、旅游等方面的应用，特别是在绿色低碳项目中，如绿色交通、供排水、

生态建设和环境保护、水利建设、可再生能源、教育、科技、文化、养老、医疗、林业、旅游等多个领域，PPP 模式都具有推动经济结构绿色低碳化的作用。在这些领域内加推示范项目，将更好地引领该模式的优化推广。

从社会资本合作方类型角度分析，目前 PPP 项目社会资本方近七成来自中央企业和国有企业。PPP 项目投资金额大、回报期长、部分项目操作不规范、大量资产负债表外运行等，加大了央企财务风险。随着 2017 年 11 月 17 日国资委正式印发《关于加强中央企业 PPP 业务风险管控的通知》，从强化集团管控、严格准入条件、严格规模控制、优化合作安排、规范会计核算、严肃责任追究六方面来防范央企参与 PPP 的经营风险，可见未来央企投资 PPP 的趋势会不断收紧，这不仅有助于 PPP 的规范，对于民营资本来说，机会更多了，增加安徽省民营资本参与 PPP 项目的示范项目，可以发挥正向可复制的引导作用。

三、完善 PPP 项目投资回报机制

长期稳定的合理回报是 PPP 项目最为关键的核心理念。合理投资回报是吸引社会资本的关键，既要让社会资本赚钱，也要保护公众利益，做到盈利而不暴利。目前，安徽省 PPP 项目的主要回报方式为政府付费和可行性缺口。由于存在财政红线，年度内用于 PPP 项目的支出不得超过一般公共预算的 10%，因此增加使用者付费的 PPP 项目是未来的发展趋势。各地可通过调整价格和收费标准、延长项目运营年限、挖掘配套商业价值等多种方式提高 PPP 项目投资回报，减少政府财政负担。在可行性缺口补助方面，建立动态补贴机制，逐步实现从“补建设”向“补运营”转变，对价格合理调整后仍不能覆盖成本和合理收益，或没有收入但社会效益较好的项目，由财政部门根据项目运营绩效评价结果提出补贴意见并报同级政府批准，纳入年度预算、中期财政规划。在依靠政府付费的 PPP 项目方面，要全面实施绩效管理，细化绩效考核标准，完善按效付费机制，优化全生命周期一体化管理；对无运营内容、无绩效考核机制、社会资本不实际承担建设运营风险的项目不得安排财政资金。

四、加强平台建设

安徽省各地要加强社会舆论平台的建设。充分利用各类媒体，大力宣传 PPP 模式的合作理念和方法，认真做好政策解读，总结典型案例，主动回应群众关切问题。通过舆论引导以及信息公开，增进政府、社会与市场主体的合作共识，培育积极的合作理念，建立规范的合作机制，充分发挥政府、市场和社会资本的合力作用，提高公众对政府和社会资本合作模式的认可度，营造推广 PPP 模式的良好氛围。此外，用好“互联网+”和大数据技术，推进信息对称管理，按照规定积极主动做好有关政策和项目实施过程的信息公开，细化披露标准、统一披露内容，自觉接受社会监督，用好全国以及安徽省的 PPP 综合信息平台。目前安徽省财政厅网站专门设置“安徽省政府和社会资本合作（PPP）”重点专题，从工作动态到政策法规、从媒体聚焦到学习园地、从项目库设置到专家库的构建，力求从全方位规范服务 PPP 模式的发展。

积极发挥 PPP 基金平台的支持引导作用。目前我省已经落地了相关的支持基金，如 PPP 专项产业基金、PPP 城镇化基金等，用以进一步发挥财政资金的杠杆和导向作用，提高项目融资的可获得性，但 PPP 融资大多采用传统资产负债融资的主流方式，还没有转向以项目现金流为主的方式。此外，各市、县（区）财政部门要重视与中国 PPP 基金的合作交流，积极向政府领导、行业主管部门、项目实施机构和社会资本方宣传中国 PPP 基金投资政策，主动与中国 PPP 基金做好项目对接，努力争取更多的投资支持。

中介平台组织方面，PPP 模式刚刚起步，中介组织经验不足，对 PPP 相关法律、制度、税收等还在逐步熟悉的过程当中，需要不断加强 PPP 知识学习培训，提高 PPP 模式的操作能力与运营管理水平，“在干中学、边干边学”。目前，我省 PPP 模式相关的中介市场缺乏行业自律和政府有效监管，服务水平还有待提高。可以发挥高校科研院所理论研究优势，更好地发挥智囊作用，提升项目实施质量和效率。

深化国际合作。继续加强 PPP 市场标准化和透明度建设，不断提升国际投资者的参与度；此外，依托“一带一路”倡议，支持我省企业走出去，深度参与国际基础设施的市场，与国际多边机构、世界银行、亚洲基础设施投资银行开展 PPP 国际合作。

第四节　PPP 模式示范项目案例分析之一

——淮南智慧城市民生领域建设 PPP 项目

为了对现阶段我省 PPP 项目有更加直观的理解，特选取淮南智慧城市民生领域建设 PPP 项目进行分析，该项目是财政部国家 PPP 示范项目，也是迄今示范项目中唯一一个健康医疗大数据 PPP 示范项目，项目现处于执行阶段，对于智慧城市的构建有较强的借鉴意义。

一、项目实施背景

建设智慧医疗项目、发展健康医疗大数据应用产业是推动“健康中国”、全生命周期保障人民健康的重要基石。该项目的实施，是贯彻落实《关于促进和规范健康医疗大数据应用发展的指导意见》（国办发〔2016〕47 号）精神的重要举措。淮南市智慧医疗 PPP 项目按照国家、省有关文件精神，结合淮南智慧城市建设和大数据发展需求，先行先试，在全国范围内率先以政府和社会资本合作（PPP）模式发展健康医疗大数据，也是淮南市第一个实施的 PPP 项目。

二、项目基本情况

淮南智慧城市民生领域建设 PPP 项目，简称“智慧医疗项目”。采用政府和社会资本合作模式（以下简称“PPP 模式”）运作智慧医疗项目，项目总投资为 12619 万元，建设及运营期按照 10 年计算。2015 年，淮南市人民政府授权市信息办为智慧医疗 PPP 项目的项目实施机构，市信息办严格按照国家发改委和财政部的 PPP 管理办法和 PPP 模式流程及要求，委托第三方咨询机构，负责项目可行性研究和项目实施方案的编制，报市财政局进行物有所值评价和财政承受能力论证。

项目覆盖淮南市卫计委和主要的医疗、卫生系统机构。评估通过后，按照《政府采购法》流程遴选本项目社会合作伙伴。经过依法合规的导购程序，确定深圳达实智能股份有限公司为本项目社会资本方人，与政府下属投资主体淮南市产业发展（集团）有限公司共同出资成立淮南达实智慧城市投资发展有限公司，该司作为项目公司负责项目的投资、建设和运营。淮南智慧城市民生领域建设 PPP 项目具体内容见表 4－4 所列。项目固定资产投资费用包括软件和硬件以及数据中心机房建设部分，其中设备购置及安装费估算总计 10632.24 万元（其中软件费用为 7479.8 万元，硬件费用为 3152.44 万元）；数据中心机房建设为 1222.11 万元，项目建设其他费用估算 421.8 万元，建设期利息为 343 万元，项目建设投资为 12619.15 万元。股权结构为：淮南市产业发展投资有限公司占 30％，社会资本占 70％。资产形式为现金，注册资金为 3000 万元。

表 4－4　淮南智慧城市民生领域建设 PPP 项目具体内容

项目类别	建设内容
人口健康信息平台	平台构建组成、数据共享与交换平台
基础保障服务项目	通信网络保障、计算中心、健康卡一卡通系统、建立标准规范、建立安全体系
智慧医疗卫生信息平台	区域卫生信息平台、卫生管理决策支持系统
医疗服务类项目	区域 HIS、区域 EMR、区域 LIS、区域 PACS、区域心电系统、区域体验系统、双向转诊分级诊疗系统、辅助诊疗系统、互联网医院移动 APP、淮南市级云医院、远程医疗（会诊）系统
公共卫生类项目	卫生应急指挥系统、疾病预防控制信息系统、急救一体化管理系统
综合管理类项目	合理用药电子预警管理系统、绩效考核系统、办公 OA 系统
居民健康自助门户	居民健康自助门户
网络及硬件	数据中心部署、备份系统设计

三、项目实施进程

淮南智慧城市民生领域建设 PPP 项目正严格按照财政部有关政策

规范推进，目前已进入执行阶段，如图 4－14 所示，实施范围主要是一期工程，取得了良好的效果。

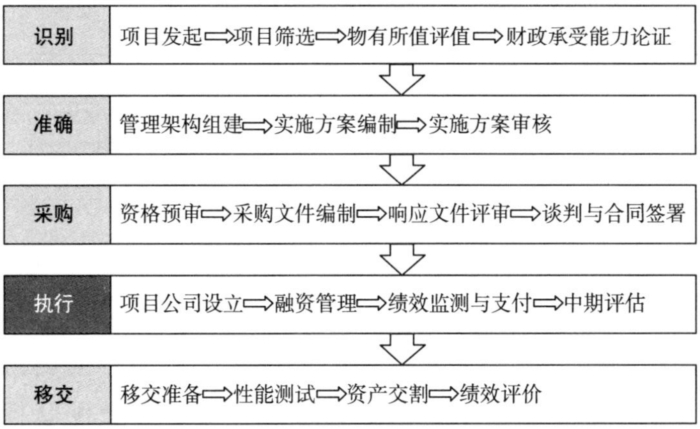

图 4－14　淮南智慧城市民生领域建设 PPP 项目流程图

首先，依据《政府和社会资本合作项目物有所值评价指引（试行)》要求，淮南市财政部门、信息办等相关部门根据智慧医疗项目具体情况，组织专家组对该项目运营状况和前期筹备情况进行了详细质询、讨论，严格对照评分参考标准展开评价，不仅参照已给定的基本指标及其权重，而且还附加了法律和政策环境、资产寿命和融资可行性三项指标，指标体系更为完善，最终该项目通过物有所值定性评价，项目适宜采用 PPP 模式，见表 4－5 所列。

表 4－5　淮南智慧城市民生领域建设 PPP 项目物有所值定性分析评价指标体系

序号	评价指标	权重
1	全生命周期整合程度潜力	15
2	风险识别与分配	15
3	绩效导向	15
4	潜在竞争程度	15
5	鼓励创新	5
6	政府机构能力	5
7	政府采购政策落实潜力	10

（续表）

序号	评价指标	权重
8	项目规模	
9	项目资产寿命	
10	项目资产种类	
11	全生命周期成本估计准确性	
12	法律和政策环境	7
13	资产利用及收益	7
14	融资可行性	6

其次，项目经过财政承受能力评估，其中该项目的支出测算主要从股权投资支出、运营补贴支出、风险承担支出以及配套投入支出四个方面展开。财政支出责任主要包括社会资本方承担的年均建设成本（折算成各年度现值）、年度运营成本和合理回报，通过多方核算，本项目未超出 PPP 项目财政预算支出，在财政承受能力范围内，通过财政承受能力论证，项目适宜采用 PPP 模式，可将该项目财政支出责任纳入预算统筹安排。

再次，项目经营模式采用特许经营方式，由淮南市政府授权项目实施机构淮南市人民政府信息化工作办公室与项目公司签订特许经营协议，项目公司拥有项目的特许经营权，特许经营期 10 年（含建设期）。智慧医疗项目采用政府付费模式，项目运营期间，政府承担全部直接付费责任，政府每年直接付费数额包括：年均建设成本（折算成各年度现值）、年度运营成本和合理回报。待特许经营期届满后，无偿移交给淮南市政府，并保证在移交时项目设备、系统和软件等处于完好及正常运行状态。目前，项目已完成了区域卫生信息平台建设以及相关应用系统建设。

在不久的将来，该项目将按照卫生部互联互通标准化测评 5 级甲等标准，充分利用 PPP 模式风险共担、利益共享的体制机制，建设统一权威、互联互通的人口健康信息平台，消除数据壁垒，畅通部门、区域、行业之间的数据共享通道，推动实现健康医疗数据在平台集聚、业务事项在平台办理、政府决策依托平台支撑，解决老百姓“看病难、看病贵”的问题。该项目的规范实施，也进一步验证了开展政府和社会资本合作，有利于创新投融资机制，拓宽社会资本投资渠道，增强经济增长内生动力；有利于推动各类资本相互融合、优势互补，促进投资主体多元化，发展混合所有制经济；有利于理顺政府与市场的关系，加快政府职能转变，充分发挥市场配置资源的决定性作用。

第五节 PPP 模式示范项目案例分析之二

——滁州市高教科创城科创产业园及文体活动中心工程 PPP 项目

为贯彻落实十九大精神，发挥 PPP 在推进供给侧结构性改革、创新公共服务供给机制中的改革尖兵作用，发挥示范项目在规范运作、按期落地、就近示范、行业带动等方面的价值，财政部联合 18 家行业部委根据《关于组织开展第四批政府和社会资本合作示范项目申报筛选工作的通知》（财金〔2017〕76 号）的有关要求，在社会各界的广泛支持和通力合作下，于 2017 年 11 月组织评选出第四批 PPP 示范项目，并于 2018 年 2 月发布了第四批示范项目名单。

财政部公布了第四批政府和社会资本合作示范项目名单，安徽省阜阳、宣城等 11 个市共 17 个项目入选，项目总投资 147.06 亿元，涉及生态环保、农业、教育、市政工程、城镇综合开发和保障性安居工程等 6 个行业领域。下面以入选的安徽省滁州市高教科创城科创产业园及文体活动中心工程 PPP 项目为例进行分析。

一、项目摘要

该项目是滁州市十大重点工程之一，省属“861”重点项目，2018 年入选国家级 PPP 示范项目。项目位于安徽省滁州市，是皖东乃至长三角地区，依托高等院校及科研机构，以战略性新兴产业、文化创意产业和现代服务业为主导产业的科教创业、创新园区。项目基本信息见表 4 - 6 所列。

表 4-6 项目基本信息

项目名称	安徽省滁州市高教科创城科创产业园及文体活动中心工程 PPP 项目
所属行业	教育
项目总投资	204393 万元
合作内容	本次实施的滁州高教科创城科创产业园及文体活动中心工程 PPP 项目主要建设内容分为科创产业园、文化体育中心工程。其中，科创产业园分为：科创服务楼、专家公寓、研究院实验楼、创客公寓、低层商业房、专家生活科研楼等主体建筑工程、安装工程、设备购置以及室外道路、给排水、供电、消防、绿化、地下管线等室外工程。文化体育中心分为：文化活动中心、游泳馆、手球馆、平台等主体建筑工程、安装工程、设备购置（含体育健身设施）以及室外网球场、室外篮球场、室外足球场、室外运动场、道路、给排水、供电、消防、绿化、地下管线等室外工程 由滁州市人民政府授权高教建投与中国政企合作投资基金股份有限公司、社会资本共同出资设立 PPP 项目公司，滁州市人民政府授予项目公司特许经营权；在授权期限内由项目公司负责本项目的投资、融资、建设及运维，政府通过支付可用性服务费和绩效服务费使项目公司获取合理的投资回报。本项目授权经营期为 10 年（不含建设期），在授权期限结束后将管理的项目整体资产移交给滁州市人民政府或其指定的相关部门。合作期限为建设期 3 年＋运营期 10 年
合作期限	13 年
运作方式	BOT
回报机制	政府付费
采购方式	竞争性磋商
中选社会资本	中国十七冶集团有限公司、珠海一创明昇投资管理有限公司
签约日期	2017 年 5 月
项目公司设立情况	滁州高教科创城建设投资发展有限公司、中国政企合作投资基金股份有限公司与本项目社会资本方共同出资，为实施投资、建设、运维、管理、移交本项目而设立的独立企业法人

二、项目实施要点

（一）项目背景

南谯新区是滁州市乃至安徽省东向发展的桥头堡，紧邻中国第 13 个、江苏省首个国家级新区南京江北新区。重视并利用江北新区发展契机，通过全面、主动融入南京江北新区发展，在区域重大基础设施建设、产业协同发展、承接产业转移等方面进行合作，对南谯新区乃至滁州市和整个安徽省来说意义重大。滁州高教科创城（园区）位于滁州市南谯新区（乌衣镇）内，是皖东乃至长三角地区依托高等院校及科研机构，以战略性新兴产业、文化创意产业和现代服务业为主导产业的科教创业、创新园区。

科创城的规划目标为国际化高教科技创业、创新的高地，国家级产城融合的新型城镇化示范区，苏皖跨区域协同发展的实验区，安徽省“调转促”发展的先行区。规划以“小组团功能复合，沿综合发展轴东西两翼展开”为总体原则进行土地利用规划，对产、城、学、研用地进行合理布局，至 2030 年用地面积约 30 平方公里。通过产学研城融合发展，着力打造一个既能承接江北新区、长三角辐射，又能支撑滁州转型发展的科技创新发展的新平台。

该项目采取 PPP 模式运作，是对国发〔2014〕60 号文、财金〔2014〕76 号文、国办发〔2015〕42 号文等文件的重要尝试与实践，是对国家深化改革精神要求的积极响应。通过 PPP 模式，引入新的资金和机制，有利于实现投资主体多元化，减轻财政负担；有助于转换政府职能，提升管理理念；有利于降低运行成本，提高资金使用效益；有利于统筹社会效益和经济效益，提高公众满意度；有助于合理分配风险，提高项目质量。

（二）项目物有所值及财政支出能力评估

1. 物有所值评价

该 PPP 项目通过引入社会资本，可以节约政府投资并提高公共服务的效率，促进经济发展；能够优化风险分配；大大提高建设、运营效率，促进了技术创新和管理创新，营造了公平竞争的环境。通过定性评价，项目定性得分超过基准分 60 分，项目通过物有所值定性评价。根据物有所值评价要求，当物有所值评价量值为正的，说明项目适宜采用 PPP 模式，否则不宜采用 PPP 模式。物有所值量值越大，说明 PPP 模式替代传统采购模式实现的价值越大。通过定量测算，项目识别阶段和准备阶段物有所值量值大于 0，适宜采用 PPP 模式。物有所值评价总体结论：通过物有所值评价。

2. 财政支出能力评估

结合项目所属财政和国家经济形势以及前 6 年公共预算支出变化情况，进行修正，对一般公共预算支出进行预测，并估计财政支出能力，见表 4－7 所列。

表 4－7　财政支出能力评估

支出年度	2017 年	2018 年	2019 年	2020 年	2021 年
一般公共预算支出预测数额（万元）	659970.12	712767.72	769789.14	831372.27	897882.06
全部 PPP 项目财政支出责任数额（万元）	4831.97	0	0	24239.77	25566.07
比例（%）	0.73	0	0	2.92	2.85
支出年度	2022 年	2023 年	2024 年	2025 年	2026 年
一般公共预算支出预测数额（万元）	969712.62	1047289.63	1131072.80	2025 年	2026 年
全部 PPP 项目财政支出责任数额（万元）	27041.03	28528.46	30176.87	31844.99	33687.67
比例（%）	2.79	2.72	2.67	2.61	2.55
支出年度	2027 年	2028 年	2029 年		
一般公共预算支出预测数额（万元）	1424825.98	1538812.06	1661917.03		
全部 PPP 项目财政支出责任数额（万元）	35558.43	37618.77	39716.80		
比例（%）	2.50	2.44	2.39		

资料来源：财政部政府和社会资本合作中心网站。

此项目作为滁州市本级第一个PPP项目，根据财政支出能力评估表，滁州市年度PPP总财政预算支出占滁州市一般公共预算的比例最高为2.92%，最低则为0.73%，满足国家10%的比例要求。结合考虑本级财力状况、收支结构、债务水平等因素，本项目不构成对全部公共预算支出的较大影响。本项目财政承受能力论证的结论为：通过论证。

3. 整体实施计划

项目整体实施计划见表4-8所列。该PPP项目分为：项目识别、项目准备、项目采购、项目建设、项目移交五个阶段。目前项目处于建设阶段。

表4-8 项目整体实施计划

序号	项目实施主要阶段	主要工作节点	时间
1	项目识别	完成物有所值论证和财政可承受力论证	2016年11月
2	项目准备	完成实施方案审批	2016年11月
3	项目采购	选定项目合作伙伴	2017年1月
4	项目建设	项目开工	2017年2月
		工程竣工	2020年2月
5	项目移交	项目竣工验收合格移交（最后批次）	2020年2月
		合作期满移交	2030年2月

（三）项目执行

1. 项目公司设立

项目公司名称为滁州文创建设发展有限公司，成立于2017年5月26日，注册资本3.8亿元。项目公司的资本金专门用于本项目的投资、建设、运营维护等，亦可用来支付前期费用。其中，滁州高教科创城建设投资发展有限公司出资3800万元，出资比例为10%；中国政企合作投资基金股份有限公司出资11400万元，出资比例为30%；中国十七冶集团有限公司出资7600万元，出资比例为20%；珠海一创明昇投资管理有限公司出资15200万元，出资比例为40%。

2. 项目建设与运营

项目建设地点位于滁州市南谯政务新区。规划占地面积 296596 平方米（约 445 亩），总建筑面积 27 万平方米。本项目主要建设内容分为科创产业园、文化体育中心工程。

运营内容包括：(1) 项目设施维护：红线范围内房屋建筑、配套设施（运动场所、展览场所等）、附属公共设施（供排水、强弱电、暖通、智能化、亮化、景观、道路等）的管养与维护和物业管理服务。(2) 项目运营：运动场地开放、公共场馆物业管理、道路设施的运营养护、运营期内的小修和移交前的恢复性大修等。

3. 运作方式

BOT 方式，即建设—运营—移交。项目建设由滁州文创建设发展有限公司负责，建设期不得超过 3 年。建成后项目经营权授予该项目公司，运营期为 10 年，在整个运营期内，项目公司自行承担费用和风险，管理、运维项目设施。合作期满后，项目公司将项目设施或项目资产的所有设备、资产、专利及费专利技术、法律文件等一切与项目稳定运用相关的资产或者权利无偿的移交给滁州市南谯区人民政府或其指定机构。PPP 运作方式如图 4-15 所示：

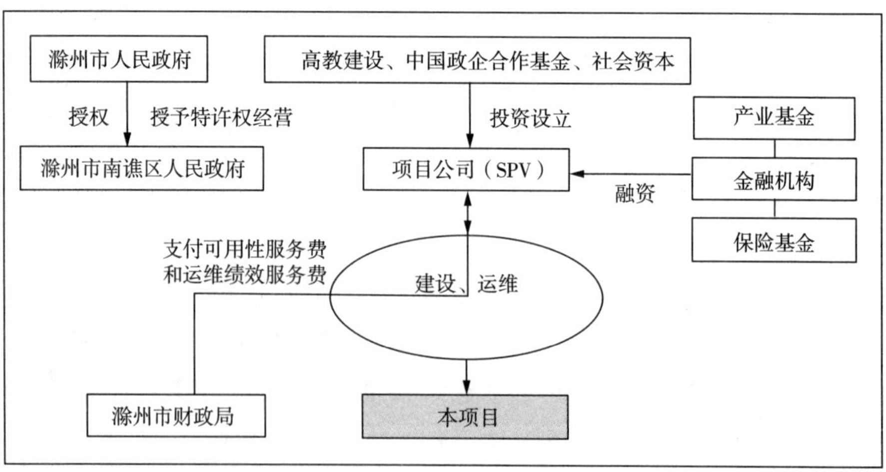

图 4-15 PPP 运作方式

4. 风险分配

(1) 社会资本方负责投融资、建设、运营维护风险；(2) 政府方负责前期工作、技术、政策和法律变更风险；（3）双方共担不可抗力风险。

5. 绩效标准

绩效指标分两个层级，分别为建设期绩效考核标准（项目可用性绩效指标）和运营期绩效考核标准（项目运维绩效指标）。项目可用性绩效指标具体包括设计、施工及运营质量必须符合国家、行业、地方相关标准；工期中开工日为 2017 年 4 月 20 日、竣工日为实际开工时间起三年内；环境保护符合国家、省规范要求；安全生产符合国家、省规范要求。

6. 付费机制

本项目采取政府付费方式，政府付费的依据主要是设施可用性、产品和服务使用量和质量等要素。本项目对项目建设成本采用可用性付费；对运维费用，采用绩效付费。在合作期内按年支付可用性服务费，每年支付一次，分 10 期支付。市政府在运营期间给予项目公司一定的运维补贴。具体标准为：项目绩效服务费总额为 3480 万元；自运营期开始之日起，每年支付一次，分 10 期支付。

三、项目点评

安徽省滁州市高教科创城科创产业园及文体活动中心工程 PPP 项目运作模式特点鲜明，充分体现了“引导、规范、增信”的宗旨，得到了省部级财政部门的肯定，并在全省及全国进行示范推广，该项目具有如下特点。

（1）严格规范实施、高效有序推进。该 PPP 项目选址、规划、环保、节能等可行，从识别、准备、采购、执行等环节严格按照国家 PPP 政策进行规范实施，对实施主体、风险分担、融资方案、采购方式等方面科学论证。

（2）建设运营并重、股东同股同权。项目公司全程参与项目实施方案的指导和编制，充分贯彻 PPP 实施理念，避免“重建设、轻运营”，按照“风险共担、利益共享、合理回报”的理念，建立合理的付费补贴机制，坚决避免固定回报、保底承诺、回购安排，实现所有股东“同股同权”。

（3）股东结构合理，治理机制科学。该项目的社会资本方珠海一创明昇投资管理公司是第一创业证券股份有限公司的子公司，属于民营资本，占比项目公司股权比例 40%，是项目公司最大股东。民营资本的介入有利于优化项目公司股权结构、撬动民营资本参与热情，提高公共服务供给质量和效率，也提升了项目公司的管理水平以及未来资本运作能力。

（4）建设条件成熟、带动作用明显。目前该 PPP 项目资金落实到位，建设条件成熟，项目建设及后期维护各环节均有保障，对滁州市将带来积极的社会效益和经济效益。

第五章 2017 年安徽省政府债券发展情况分析

从 2015 年新《预算法》允许地方政府发行债券之后，地方政府债券的发行已历经三年，2015 年到 2017 年，我省累计发行地方政府债券总规模 4515.5 亿元。2017 年，安徽省共发行地方政府债券 1462.1 亿元，从债券性质看，一般债券 645 亿元，专项债券 817.1 亿元。从债券使用方向看，新增债券 687.9 亿元，置换债券[①] 774.2 亿元。从实践中可以看出，地方政府债券的发行，对规范地方政府举债融资机制、缓解地方财政压力、控制地方政府债务的规模、化解地方执法债务风险、完善配套制度、处理存量债务以及在建项目持续性融资都起到了积极的作用。本章内容通过梳理 2017 年安徽省政府债券的发行、使用等环节，全方位剖析安徽省政府债券发展取得的成绩及存在的问题，并基于实际操作的角度提出了解决问题的相关政策建议。

表 5－1 2015—2017 年安徽省政府债券发行情况 单位：亿元

年份	新增债券		置换债券		总发行规模	债务余额	债务风险判断
	发行规模	增长率	发行规模	增长率			
2015	275.0	—	1019.1	—	1309.2	5097.3	总体可控
2016	458.7	66.8%	1228.6	20.6%	1619.1	5294.5	总体可控
2017	687.9	50.0%	774.2	−37.0%	1462.1	4489.9	总体可控
合计	1421.6	—	3093.9	—	4515.5	14881.7	总体可控

① 置换债券：地方政府在利率适度的条件下，通过借新债来还旧债，将所欠的债务顺利的延后的一种方式，用来缓解地方债务的压力。

第一节 安徽省政府债券的发行

一、总体情况分析

为了保证 2017 年地方政府债券顺利发行，做好准备工作，根据财政部《地方政府一般债券发行管理暂行办法》（财库〔2015〕64 号）、《地方政府债券发行管理暂行办法》（财库〔2015〕83 号），安徽省财政厅于 1 月 12 日发布《安徽省财政厅关于调整 2017 年安徽省政府债券承销团成员的通知》，结合 2016 年的承销情况，做出了相应的调整；安徽省财政厅于 5 月 17 日和 5 月 27 日还分别发布了《2017 年安徽省政府债券招标发行规则》和《2017 年安徽省政府债券招标发行兑付办法》等文件。2017 年地方政府债券发行工作开展的时间和 2016 年一样都是年初，有利于缓解地方政府债券工作压力。

经省政府授权，2017 年 4 月 5 日，省财政厅通过财政部国债发行招投系统，面向 16 家 2017 年省政府置换债券定向承销发行承销团成员，定向承销发行了第一批 313.9 亿元置换债券，包括一般债券 161 亿元，专项债券 152.9 亿元。其中，3 年期债券 17 亿元、5 年期债券 124.9 亿元、7 年期债券 124 亿元和 10 年期债券 48 亿元，中标利率分别为 3.5%、3.58%、3.7% 和 3.77%，2017 年安徽省地方政府定向置换债券发行情况见表 5 - 2 所列。

表 5 - 2 2017 年安徽省地方政府定向置换债券发行情况

债券名称	期数	年限	发行规模	票面利率	到期日期
定向专项置换债券	一期	5 年期	768663 万元	3.58%	2022 年 3 月 31 日
定向专项置换债券	二期	7 年期	760000 万元	3.7%	2024 年 3 月 31 日
定向一般置换债券	一期	3 年期	170165 万元	3.5%	2020 年 3 月 31 日
定向一般置换债券	二期	5 年期	480000 万元	3.58%	2022 年 3 月 31 日
定向一般置换债券	三期	7 年期	480000 万元	3.7%	2024 年 3 月 31 日
定向一般置换债券	四期	10 年期	480000 万元	3.77%	2027 年 3 月 31 日

经省政府授权，2017 年 7 月 4 日，省财政厅通过财政部国债发行招投标系统，面向 19 家政府债券一般承销团成员，成功公开招标发行 547.8 亿元 2017 年安徽省地方政府债券。本次发行的地方政府债券全部为 2017 年新增债券，其中，一般债券分别募得 5 年期 90.8 亿元、7 年期 100 亿元，中标利率分别为 3.85%、4.02%，以一般公共预算收入作为偿债资金来源；专项债券分别募得 5 年期 179 亿元、7 年期 178 亿元，中标利率分别为 3.88%、3.98%，项目覆盖市政道路、市政公用、安置房、土地、水务、环境整治等类别，以国有土地使用权出让收入作为偿债资金来源。

2017 年 8 月 31 日，省财政厅通过财政部国债发行招投标系统，面向 19 家政府债券承销团成员，成功公开招标发行 167.1 亿元 2017 年安徽省政府专项置换债券，其中，5 年期募得 87.1 亿元、7 年期 80 亿元，中标利率分别为 4%、4.08%。本批债券用于置换 16 个市共计 454 个项目的存量债务本金，土地类、安置房类、市政道路类、环境整治类、市政公用类和污水处理类置换债券金额分别占 21.92%、21.99%、21.12%、7.35%、4.61%和 1.46%，2017 年安徽省地方政府专项债券各期发行规模见表 5-3 所列。

表 5-3　2017 年安徽省地方政府专项债券各期发行规模

期数	一期	二期	三期	四期
年限（年）	5	7	5	7
规模（亿元）	179	178	87.1455	80
票面利率	3.88%	3.98%	4%	4.08%

经省政府授权，10 月 19 日，省财政厅在上交所通过财政部上海证券交易所政府债券发行系统，面向 29 家政府债券承销团成员，成功公开招标发行 293.2 亿元 2017 年安徽省政府置换债券，均为一般置换债券，这是我省首次在上交所发行地方债券，也是本年度我省发行的最后一批置换债券，其中，3 年期募得 169.2 亿元、5 年期募得 54 亿元、10 年期募得 70 亿元，中标利率分别为 3.91%、3.9%和 4.15%，以一般公共预算收入作为偿债资金来源。今年发行置换债券 774.2 亿

元，对今年到期的政府债务实现了置换的全覆盖，2017 年安徽省地方政府一般债券各期发行规模见表 5－4 所列。

表 5－4 2017 年安徽省地方政府一般债券各期发行规模

期数	一期	二期	三期	四期	五期
年限（年）	5	7	3	5	10
规模（亿元）	90.8	100	169.1758	54	70
票面利率	3.85％	4.02％	3.91％	3.9％	4.15％

经省政府授权，11 月 17 日，省财政厅在深圳证券交易所通过财政部深交所政府债券发行系统，面向 29 家政府债券承销团成员，成功公开招标发行 140.1 亿元 2017 年安徽省政府土地储备专项债券，用于合肥等 13 个市 135 个土地收储项目，其中，3 年期债券募得 23.9 亿元，中标利率在 4.19％至 4.22％的区间内；5 年期债券募得 116.2 亿元，中标利率在 4.06％至 4.39％的区间内。本次债券发行，标志着我省圆满完成 2017 年地方债券发行任务。这是我省继 10 月份在上交所成功发行地方政府债券后，第二次通过证券交易所发行政府债券，有助于进一步推进地方政府债券市场化发行。对比数据发现，安徽省 2017 年一般政府债券发债期数和规模低于 2016 年，债务率也相对下降，证明安徽省内更注重债务规模和期限结构，控制债务风险，详细发行数据和发行规模见表 5－5 所列，如图 5－1 所示。

表 5－5 2017 年安徽省地方政府土地储备专项债券发行规模

期数	五	六	七	八	九	十	十一
年限（年）	5	5	5	5	5	5	5
规模（亿元）	6.6119	4.3697	5.005	9.724	61.089	2.9799	13.5195
地区	合肥市	淮北市	宿州市	蚌埠市	阜阳市	滁州市	马鞍山市
期数	十二	十三	十四	十五	十六	十七	
年限（年）	3	3	5	5	5	5	
规模（亿元）	8.2177	15.6933	0.9823	3.953	5.878	2.0627	
地区	淮南市	铜陵市	芜湖市	宣城市	安庆市	黄山市	

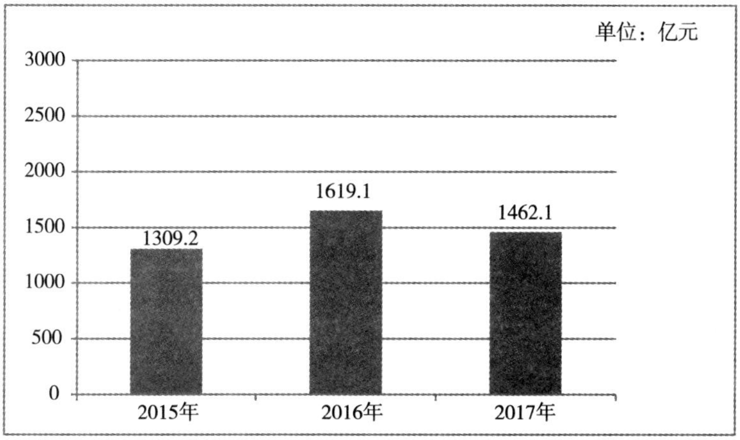

图 5-1 2015、2016 和 2017 年安徽省地方政府债券发行规模

2017 年安徽省政府债券分为一般债券和专项债券，采用记账式固定利率附息形式，期限为 3 年、5 年、7 年和 10 年，其中 10 年期债券按半年付息，其他期限债券按年付息。债券发行后可按规定在全国银行间债券市场和证券交易所债券市场（以下简称“交易场所”）上市流通。

2016 年安徽省政府一般债务余额限额 3673.6 亿元，2016 年末一般债务余额为 3309.46 亿元，2017 年全省债务限额为 6622.1 亿元，从测算的债务率来看，安徽省整体债务率低于 100% 的风险预警值。从偿债期限看，安徽省债务期限多为 3 年和 5 年。短期和长期债务较少，债务期限结构相对合理。总体看，安徽省政府债务风险总体可控。

二、安徽省地方政府债券的发行情况分析

（一）发行方式

2017 年公开发行的安徽省政府债券，通过财政部政府债券发行系统、财政部上海证券交易所政府债券发行系统或财政部深圳证券交易所政府债券发行系统（以下简称“招标系统”），面向 2017 年安徽省政府债券承销团（以下简称“承销团”）招标发行，采用单一价格招标方式，招标标的为利率。全场最高中标利率为当期安徽省政府债券票面

利率，各中标承销团成员按面值承销。

（二）投标限定

1. 投标标位限定。投标标位变动幅度为 0.01%。每一承销团成员最高、最低标位差为 30 个标位，无须连续投标。投标利率区间下限不得低于发行日前 1 至 5 个工作日相同待偿期记账式国债收益率平均值。

2. 投标量限定。主承销商最低投标额为每期债券发行量的 15%，副主承销商最低投标额为每期债券发行量的 5%，其他承销团成员最低投标额为每期债券发行量的 0.1%，所有承销团成员最高投标额为每期债券发行量的 30%。单一标位最低投标额为 0.1 亿元，最高投标额为每期发行量的 30%。投标量变动幅度为 0.1 亿元的整数倍。

3. 最低承销额限定。主承销商最低承销额为每期债券发行量的 10%，副主承销商最低承销额为每期债券发行量的 2%，其他承销团成员最低承销额为每期债券发行量的 1%。

上述比例均计算至 0.1 亿元，0.1 亿元以下四舍五入。

（三）中标原则

1. 中标募入顺序。按照低利率优先的原则对有效投标逐笔募入，直到募满招标额，或将全部投标募完为止。

2. 最高中标利率标位中标分配顺序。以各承销团成员在最高中标利率标位投标量为权数平均分配，最小中标单位为 0.1 亿元。分配后仍有尾数时，按投标时间优先原则分配。

（四）分销

安徽省政府债券分销，是指在规定的分销期内，中标承销团成员将中标的全部或部分安徽省政府债券债权额度转让给非承销团成员的行为。

1. 安徽省政府债券采取场内挂牌、场外签订分销合同的方式分销。具体分销方式以当期发行文件规定为准。

2. 安徽省政府一般债券承销团成员间不得分销。非承销团成员通过分销获得的安徽省政府一般债券债权额度，在分销期内不得转让。

3. 承销团成员根据市场情况自定价格分销。

（五）债权托管和确认

1. 在招标工作结束 15 分钟内，各中标承销团成员应通过招标系统填写《债权托管申请书》，在中央国债登记结算有限责任公司（以下简称“国债登记公司”），中国证券登记结算有限责任公司（以下简称“证券登记公司”）上海、深圳分公司选择托管。逾时未填制的，系统默认全部在国债登记公司托管。

2. 债券和承销额度注册。国债登记公司，证券登记公司上海、深圳分公司根据招标结果办理券种注册，根据各中标承销团成员选择的债券托管数据为各中标机构办理承销额度注册。

3. 安徽省政府债券的债权确立实行见款付券方式。各中标承销团成员不迟于缴款日（即招标日后第一个工作日）将发行款缴入国家金库安徽省分库。安徽省财政厅于债权登记日（即招标日后第 2 个工作日）15：00 前，将发行款入库情况通知国债登记公司，由国债登记公司办理债权登记和托管，并委托国债登记公司将涉及证券登记公司上海、深圳分公司分托管的部分，于债权登记日 16：00 前通知证券登记公司上海、深圳分公司。

如安徽省财政厅未在规定时间通知国债登记公司办理债权登记和托管，国债登记公司可顺延后续业务办理时间。

（六）承销模式

所谓债券承销，是指投资银行接受客户的委托，按照客户的要求将债券销售到机构投资者和社会公众投资者手中，实现客户筹措资金的目的的行为或过程。主要有四种方式，即：债券代销、债券助销、债券包销和承销团承销。安徽省地方政府债券采用的承销模式为承销团承销方式。

《安徽省财政厅关于组建 2015—2017 年安徽省政府债券承销团的通知》规定，根据财政部有关文件精神，地方政府债券由地方政府在限额内按照市场化原则自发自还。具体情况如下：

1. 安徽省 2015—2017 年政府债券每年拟分批发行，此次组建的安徽省政府债券承销团为 2015—2017 年安徽省所有政府债券的承销团。承销团成员目标数量不超过 30 家。

2. 申请 2015—2017 年安徽省政府债券承销团成员的机构，必须是在中国境内依法成立的金融机构，且具有债券承销业务资格。

3. 2015—2017 年安徽省政府债券承销团的组建遵循“尊重意愿、承销优先、控制风险”的原则，根据各机构的申请，按照以下指标进行综合考评后确定：意愿承销额度、2014 年总资产、资本充足率、偿付能力、净资本状况等。

4. 2017 年调整承销团成员：

《安徽省财政厅关于调整 2017 年安徽省政府债券承销团成员的通知》调整了安徽省政府债券承销团成员，具体如下：

（1）确定中国建设银行股份有限公司等 6 家金融机构为主承销商，包括中国建设银行股份有限公司、中国农业银行股份有限公司、中国工商银行股份有限公司、交通银行股份有限公司、中国银行股份有限公司、徽商银行股份有限公司。

（2）确定中国邮政储蓄银行股份有限公司等 4 家金融机构为副主承销商，包括中国邮政储蓄银行股份有限公司、上海浦东发展银行股份有限公司、兴业银行股份有限公司、中国民生银行股份有限公司。

（3）确定国家开发银行股份有限公司等 9 家金融机构为承销团成员，包括国家开发银行股份有限公司、中信银行股份有限公司、中国光大银行股份有限公司、杭州银行股份有限公司、华夏银行股份有限公司、渤海银行股份有限公司、招商银行股份有限公司、广发银行股份有限公司、平安银行股份有限公司。

（七）发行利率

由表 5-6～表 5-8 可看出，安徽省政府债券利率基本高于同期国债，在与其他省债券利率对比中发现安徽省三年期和五年期的地方政府债券利率处于较高水平，债券利率较为准确地反映了市场真实的需求。

表 5-6 2017 年安徽地方政府定向债券与同期国债利率比较 单位：%

2017 年	发行时间	3 年期	5 年期	7 年期	10 年期
第一期	2017.3.30	3.5	3.58	3.7	3.77
同期国债		3.23	3.13	3.2	3.4

（续表）

2017年	发行时间	3年期	5年期	7年期	10年期
第二期	2017.7.4	3.9	3.85	4.02	4.15
同期国债		3.46	3.47	3.57	3.59
第三期	2017.11.17	4.21	4.22	4.08	
同期国债		3.6	3.73	3.9	3.82

表5-7 2017年3年期一般性地方债券平均利率 单位：%

省份	北京	福建	甘肃	广东	广西	贵州	海南	河北	河南
三年期	3.65	3.93	3.97	3.66	3.76	3.61	3.84	3.62	3.82
省份	江苏	江西	辽宁	河北	内蒙古	宁夏	青海	山东	山西
三年期	3.97	3.56	3.17	3.58	4.18	3.99	3.72	3.91	3.40
省份	陕西	上海	四川	天津	新疆	云南	浙江	安徽	
三年期	3.79	3.75	3.93	3.88	3.56	3.51	3.58	3.71	

表5-8 2017年5年期一般性地方债券平均利率 单位：%

省份	北京	福建	甘肃	广东	广西	贵州	海南	河北	河南
五年期	3.61	4.02	3.83	3.79	3.87	3.96	3.96	3.52	3.95
省份	江苏	江西	辽宁	内蒙古	宁夏	青海	山东	山西	陕西
五年期	3.91	3.68	3.70	4.10	3.99	3.82	3.84	3.41	4.07
省份	上海	四川	天津	新疆	云南	浙江	安徽		
五年期	3.97	4.03	3.83	3.95	4.01	3.53	3.58		

（八）安徽省地方政府债券使用与偿还

2014年9月21日，国务院发布《关于加强地方政府性债务管理的意见》（国发〔2014〕43号），提出地方政府举借的债务只能用于公益性资本支出和适度归还存量债务，不得用于经常性支出。安徽省债券使用领域包括以下几个方面：一是传统意义上的基础设施，包括交通、通信、农业、矿产、能源等行业，其中交通和通信是主要部分；二是人力资源等“软”基础设施，包括教育和医疗等资本性投资；三是纯公共品投资，如治安、环保等；四是具有再分配功能的投资，如保障性住房、公共文化建设、社会保障支出等。

偿还方面，2015 年 3 月 19 日，财政部发布《关于做好 2015 年地方政府一般债券发行工作的通知》（财库〔2015〕68 号），提出一般债券由地方政府在国务院规定限额内按照市场化原则自发自还，并要求地方财政部门应当不迟于一般债券发行日前 5 个工作日，通过指定网站披露债务情况，主要包括债务余额、期限结构、偿债计划等。财库〔2016〕13 号规定“对于已发行入库或收到上级转贷的置换债券资金，原则上要在一个月内完成置换”。债券偿还资金的来源主要有：设立专项偿债基金、预算列支偿还、预算盈余偿还、利用债务投资收益偿还等方式，不过安徽省内债券偿还担保绝大部分是土地出让资金担保，应建立完善的债务偿还机制，明确偿还责任。

三、安徽省地方政府债券的期限结构分析

不同地方政府债券的期限不同，这些不同期限的地方政府债券是政府债务结构的重要组成部分，对地方政府债券的顺利发行、流通、偿还以及政府对经济的调控都有重要的影响。在 2017 年，安徽省地方政府债券由 3 年期、5 年期、7 年期和 10 年期组成，相对于 2016 年少了 1 年期的债券，这拉长了政府的还款期限，可以将政府有限资金合理利用，达到资源的有效配置。

2017 年，安徽省定向发行 322.03 亿元定向置换债券，包括一般债券 161.02 亿元，专项债券 152 亿元。2017 年安徽地方政府定向承销发行置换债券期限结构见表 5－9 所列，其中，3 年期债券 17.02 亿元、5 年期债券 124.87 亿元、7 年期债券 124 亿元和 10 年期债券 48 亿元。

表 5－9　2017 年安徽地方政府定向承销发行置换债券期限结构

期限结构	发行面值（亿元）
3 年	17.02
5 年	124.87
7 年	124
10 年	48

政府一般债券共发行 483.98 亿元，2017 年安徽地方政府一般债券期限结构见表 5-10 所列。其中，3 年期债券 169.18 亿元、5 年期债券 100 亿元、7 年期债券 144.8 亿元和 10 年期债券 70 亿元。

表 5-10　2017 年安徽地方政府一般债券期限结构

期限结构	发行面值（亿元）
3 年	169.18
5 年	100
7 年	144.8
10 年	70

政府专项债券共发行 525.45 亿元，2017 年安徽地方政府专项债券期限结构见表 5-11 所列。2017 年安徽地方政府土地储备专项债券期限结构见表 5-12 所列。其中，5 年期债券 266.145 亿元、7 年期债券 259 亿元。

表 5-11　2017 年安徽地方政府专项债券期限结构

期限结构	发行面值（亿元）
3 年	0
5 年	266.145
7 年	259
10 年	0

此外，政府土地储备专项债券共发行了 13 期专项债券，共 140.089 亿元，2017 年安徽地方政府土地储备专项债券期限结构见表 5-12 所列。其中，3 年期债券 23.91 亿元、5 年期债券 116.179 亿元。

表 5-12　2017 年安徽地方政府土地储备专项债券期限结构

期限结构	发行面值（亿元）
3 年	23.91
5 年	116.179
7 年	0
10 年	0

2017 年安徽省共发行和置换一般债券 644.99 亿元，发行和置换专项债券 817.1 亿元，2017 年地方债券期限结构分布如图 5-2 所示。

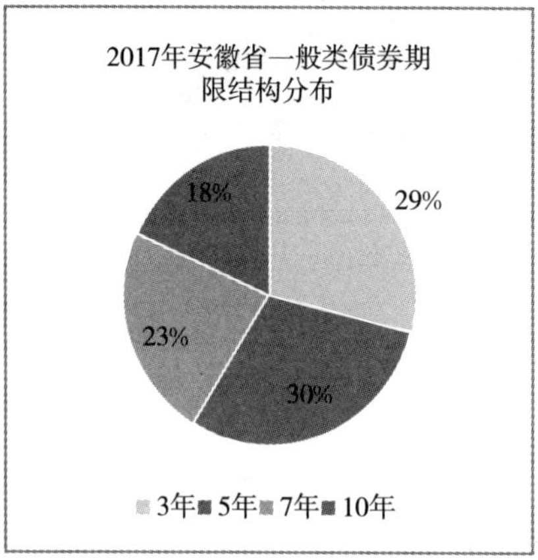

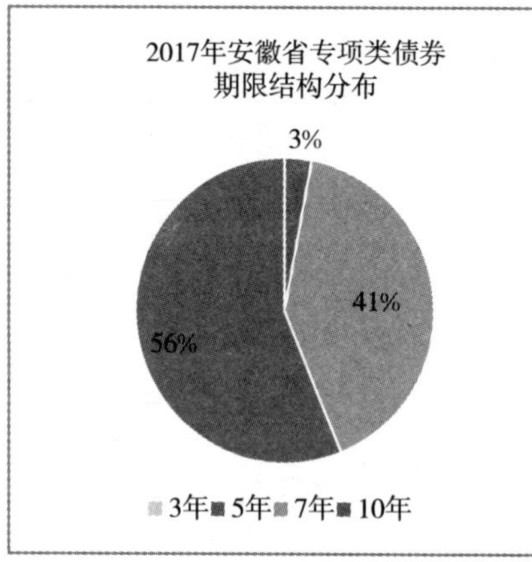

图 5-2 2017 年地方债券期限结构分布

四、2017 年安徽各市政府债务率排行分析

新《预算法》赋予了地方政府适度举债融资权限，但地方政府自主发债是把“双刃剑”，如果一些问题不能得到有效的制度安排，会形成新的风险集聚点。2017 年全国财政工作会议提出：“支持打好防范化解重大风险攻坚战，重点是有效防控地方政府债务风险，坚决制止违法违规融资担保行为。”通过对省内各市政府债务率测算和分析，可以大致了解各地的债务“健康状况”。

（一）各市政府债务率测算

基于数据的可取得性，文中债务率＝（债务余额÷财政收入）×100％，分母选取了 2017 年地级市政府全市的年度财政收入，分子为截至 2017 年底各地级市政府债务余额，采用财政部确定的风险警戒值 100％进行分析判断。

其中，阜阳市、马鞍山市、安庆市的债务余额由 2016 年的债务余额和 2017 年新增债务加总而来。

统计发现，债务率超过 100％的地级市有池州市、宿州市、亳州市、淮南市、宣城市、阜阳市、马鞍山市、滁州市、安庆市、淮北市、黄山市、芜湖市 12 个地级市，在安徽省范围内，这些地区相对存在债务风险的可能性较大，其中债务率最高的池州市为 271.75%；其余 4 个地级市未超过 100%，债务率最低的铜陵市为 59.79%。2017 年安徽各市政府债务率排名见表 5－13 所列。

表 5－13　2017 年安徽各市政府债务率排名

序号	城市	2017 年财政收入（亿元）	2017 年债务余额（亿元）	债务率（%）
1	池州市	102.1	277.46	271.75
2	宿州市	156.45	348.62	222.83
3	亳州市	171	336.17	196.59
4	淮南市	162.3	239.5	147.57
5	宣城市	220.2	309.64	140.62
6	阜阳市	277.1	360.21	129.99
7	马鞍山市	245.29	314.66	128.28
8	滁州市	289.3	363.69	125.71
9	安庆市	290.9	327.39	112.54
10	淮北市	107.6	117.02	108.75
11	黄山市	106	114.34	107.87
12	芜湖市	558.4	600.48	107.54
13	蚌埠市	274.5	262.77	95.73
14	合肥市	1251.1	822.78	65.76
15	六安市	184.11	116.01	63.01
16	铜陵市	167.6	100.2	59.79
	合计	4563.95	5010.94	109.79

数据来源：表中数据均来自于各市政府网站，债务率由相关数据测算得出。

这和供给侧改革、结构性调整、财政收入增速放缓、养老保险基金缺口加大等经济新常态下的大环境密切相关，体现了安徽省去产能、治污染、新旧动能转换的阶段性发展战略，也是各地市发展不平衡、不充分这一现实状况的反映，而且各地均已进入偿债高峰期。

事实上，从全国来看，地方政府在发行地方政府债券的进程中存在一定的问题和风险。自 2015 年辽宁债部分流标事件后，市场对地方财政状况的关注度增强，机构投资者对风险的辨别意识增强，对地方政府债券的认购趋于理性。地方政府的信用度和财力水平远远低于中央政府。若债券发行利率与国债利率没有竞争优势，那么投资者就会“用脚投票”，很可能造成地方政府债券认购不足，地方政府也就无法筹集足够资金来实现区域经济发展。越是经济欠发达地区，发行债券的限制条件就越多，在发行水平、信用评级、债券管理、偿还能力等方面都有明显差距，这很容易导致“马太效应”，进一步拉大区域发展差距。随着地方政府发债权限的放开，地方政府遵从市场原则筹集发展资金，可能会绑架财政货币政策，对私人投资和消费产生“挤出效应”，严重影响后续投资增速，进而阻碍经济结构调整，影响宏观经济的健康可持续发展。

另一方面，当前这种低利率、低成本的发行趋势，是否反映了市场真实的需求规律？2017 年以来，在从严监管及持续去杠杆的金融大环境下，资金面始终维持偏紧局面，因此导致地方政府债券融资成本一路抬升，今年的地方政府债券发行成本为 2015 年以来的最高点。低利率、低成本的地方政府债券很显然不具有持续性，应该主动让利于市场主体，适度提升各年限债券利率水平以换取市场对地方政府债券的支持，即适度上浮利率防范市场风险。

（二）以亳州、淮南为例具体分析

基于数据的可得性，笔者以亳州市和淮南市为例，对地方政府债务情况进行具体分析。

亳州市 2017 年财政收入为 171 亿元，2017 年底债务余额为 336.17 亿元，债务率达到 196.59%，远高于警戒线，在安徽省债务率排名中排在第三位。2016 年亳州市财政收入增长 13.22%，同期债务余额增长 128.38%；2017 年亳州市财政收入增长 16.09%，同期债务余额增长 11.08%。从趋势上看，2016 年债务余额增长速度高于财政收入增长速度，但 2017 年债务余额增长速度低于财政收入增长速度。2015—2017 年亳州市财政收支及债务余额增长率如图 5 - 3 所示。

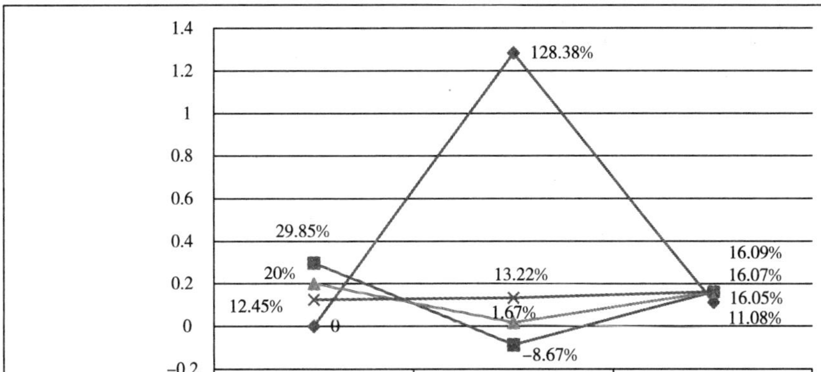

	2015	2016	2017
债务余额增长率	0	128.38%	11.08%
财政缺口增长率	29.85%	-8.67%	16.05%
财政支出增长率	20%	1.67%	16.07%
财政收入增长率	12.45%	13.22%	16.09%

图 5-3　2015—2017年亳州市财政收支及债务余额增长率

从新增债券结构来看，亳州市本级的新增债券比重大，债务余额也占全市债务余额的近三分之一；债务的主体结构中，绝大部分是政府负有偿还责任或间接偿还责任，融资结构主要分为发行地方政府债券和置换债券；由于债务的期限结构不清晰，还债期限资金未充分考虑财政资金安排，导致债务率高于警戒线。

从投向来看，亳州市政府债券符合安徽省债券管理方法，大部分用于公益项目，其中市政类项目9个，教育类项目9个，医疗类项目1个，其他社会服务项目6个。2016年市本级镇政府债务使用情况为市政道路项目26个，污水处理项目2个，保障性住房项目4个，一级公路项目1个，教育类项目1个，其他社会服务项目3个。

从债务偿还情况看，政府偿债资金来源主要为一般公共预算收入、政府性基金收入及上级补助收入。2017年亳州市本级偿还到期政府债务22110万元，2018年本级一般公共预算安排债务还本资金544万元，付息资金9596万元；政府基金预算安排债务付息资金14034万元。

亳州市历年财政支出远大于财政收入，财政收支平衡较差，用于还债资金较少，加上政府债券期限结构未考虑偿债高峰期，导致亳州市债务率居高不下。应对亳州市还债资金多考虑预算，安排专门资金减少发债及支出，降低债务率。

淮南市在安徽省债务率排名中排在第四位。2017 年财政收入为 162.3 亿元，2017 年底债务余额为 239.5 亿元，债务率达到 147.57%，远高于警戒线。

2017 年债务率为 147.57%，高于财政部确定的风险警戒值 100%，负债率为 21.77%，高于其警戒值 10%，因此，可以说 2017 年淮南市的债务率和负债率都很高，并且都超过其警戒值的 40%以上，淮南市政府债务压力相对较大。

2016 年淮南市财政收入增长 15.19%，同期债务余额增长 60.59%；2017 年淮南市财政收入增长 7.55%，同期债务余额增长 7.70%。从趋势上看，债务余额增长速度高于财政收入增长速度。2015—2017 年淮南市财政收支及债务余额增长率如图 5-4 所示。

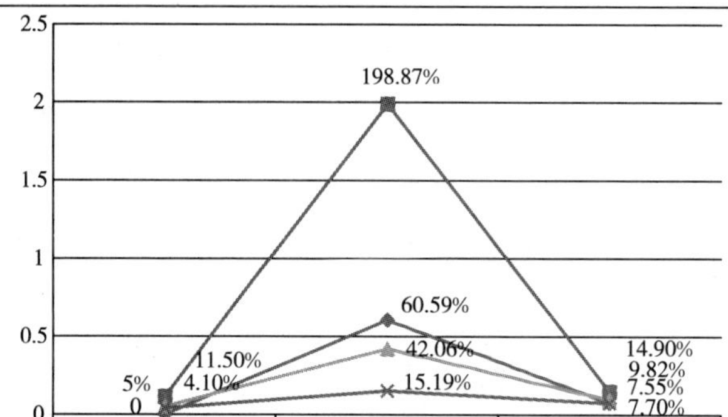

	2015	2016	2017
债务余额增长率	0	60.59%	7.70%
财政缺口增长率	11.50%	198.87%	14.90%
财政支出增长率	5%	42.06%	9.82%
财政收入增长率	4.10%	15.19%	7.55%

图 5-4　2015—2017 年淮南市财政收支及债务余额增长率

从新增债券结构来看，淮南市本级新增债券比重大，达到省转贷淮南市债券的 71.22%；债务的主体结构中，大部分是政府负有偿还责任或间接偿还责任；债券的性质结构中，政府新增专项债券占比大，达到新增债券的 74.87%；从债券期限结构分析来看，5 年期和 7 年期债券各占新增债券的一半左右。由于债务余额的增速始终高于财政收入增速，债券偿还能力稍弱，导致债务率高于警戒线。

从投向来看，淮南市政府债券符合安徽省债券管理方法，全部用于公益性资本支出项目，其中市政类项目 16 个，教育类项目 3 个，医疗类项目 3 个，其他社会服务项目 10 个。债券使用加大对保障改善民生和经济结构调整的支持力度，优先用于党中央、国务院确定的打赢脱贫攻坚战、推进农业供给侧结构性改革、棚户区改造等重点项目。

从债务偿还情况看，用于还债的资金来源主要为一般公共预算收入、政府性基金收入及上级补助收入，由于淮南市近年财政赤字频发，财政缺口及债务余额增长率都大于财政收入增长率，还债资金较少。再加上政府债券期限结构未考虑偿债时期，导致债务偿还集中于同一时期，偿债压力大。淮南市政府作为地方政府债务人，应牢固树立依法理财理念，按照“谁举债谁偿还”的原则，统筹安排综合财力，提前制订还款计划，认真筹集落实还款资金来源，切实担负起加强地方政府性债务管理、防范化解财政金融风险的责任。

第二节　安徽省政府债券存在的问题

一、个别地区违法违规举债担保时有发生

新《预算法》和国发〔2014〕43 号文件规定，为健全规范地方政府举债融资机制，地方政府举债一律采取在国务院批准的限额内发行地方政府债券方式，除此以外地方政府及其所属部门不得以任何方式举借债务。地方政府及其所属部门不得以文件、会议纪要、领导批示等任何形式，要求或决定企业为政府举债或变相为政府举债。即便如此，仍有一小部分地方政府为取得足够的资金链而走险，通过融资平台公司、政府和社会资本合作（PPP）、政府投资基金、政府购买服务等方式违法违规或变相举债，增加地方政府债务风险，造成严重后果。

二、市县专项债券级次不清

市县专项债券一般由省级政府代为分类发行专项债券、转贷市县使用。但有的地方政府担心某一或某些项目的发债数额满足不了项目所需，在发行专项债券的时候故意不分清市级和其管辖的县级发债数额，以便在发债之后该项目资金留在其市本级，把原本应留在下一级区或县的相关专项债券资金统一留作本级政府使用；或者故意调高一些专项债券的发债数额，把多出来的这部分资金通过各种方式转移到资金不足的项目中去。

三、招标方式不尽合理

目前地方政府债券的发行方式是发行一期招标一次，每一期债券的发行均为全新招标。这样导致地方政府债券的发行工作量大，程序步骤多，发行成本高，而且每次发债规模较小，更增加了其发行成本和工作量。此外，目前地方政府债券发行的投标标位区间是根据同期限的国债收益率制定的，有些地方甚至会出现地方政府债券利率低于国债利率，这使得各方对地方债券的期望和认可度下降。

四、政府与社会资本合作隐患多

政府和社会资本合作（PPP）是我国财税体制改革中的一个重点问题，也是一个热点问题。它有其特有的优势，不仅可以实现更高的经济效率，不闲置、浪费资金，还有助于增强政府部门的财务稳健性，缓解其支出压力。但是，由于我国 PPP 模式起步时间不长，相关法律法规级次不高，监管不到位，导致其成为地方政府新的违规融资平台，为政府与社会资本合作这条光明大道蒙上阴影。

五、债务率偏高存隐患

很多地市的债务率超过 100%，政府是否有能力偿还，也是关键问题。一般债券以地方政府财政收入作为保证，专项债券往往以项目建成后的收入作为保证，但是如果项目建成后的收益无法保障，无法偿还的风险也就存在，而且地方政府在债券方面也没有建立相应的预警机制。中国地方的支柱产业仍是房地产行业，但是中央政府一直策划经济转型，以房地产收益为主的经济模式存在债务风险问题。

六、地方政府债务资金监管机制不完善

地方债务资金在使用中，存在预算和具体使用情况公开不够，用途规划不合理，资金使用效率低，项目实施进度慢，资金被挪用、滞留和违规使用等问题。地方政府债务的监管存在监管体系不够完善、部门规章的约束力不足、监管授权中存在监管责任划分不清晰、专员授权不明确等问题。

七、地方政府债务偿还制度不完善

总体来看，目前安徽省地方政府债务偿还过度依赖土地财政，偿还来源相对单一。对于还债并没有明确的制度规定及公开文件，还债信息公开较少，缺乏完善的偿还制度，预决算中对于政府债务偿还未设立专门的偿还基金。

第三节 解决路径和政策建议

一、进一步规范地方政府举债融资机制

地方政府应该严格控制变相举债，加强地方债预算管理，政府的直接债务以及或有债务都要精确定义，优化债务期限，建立债务风险应急处置措施，通过出台规范的文件，明确责任机制，还要将债务以及债务对应的资产梳理清楚、透明化，让投资者有信心投资。

允许地方政府结合财力可能设立或参股担保公司（含各类融资担保基金公司），构建市场化运作的融资担保体系，鼓励政府出资的担保公司依法依规提供融资担保服务，地方政府依法在出资范围内对担保公司承担责任。除外国政府和国际经济组织贷款转贷外，地方政府及

其所属部门不得为任何单位和个人的债务以任何方式提供担保，不得承诺为其他任何单位和个人的融资承担偿债责任。地方政府应当科学制订债券发行计划，根据实际需求合理控制节奏和规模，提高债券透明度和资金使用效益，建立信息共享机制①。

二、明确市县管理责任

市县级政府确需举借相关专项债务的，应依法由省级政府代为分类发行专项债券，转贷市县使用。专项债券可以对应单一项目发行，也可以对应同一地区多个项目集合发行，具体可由市县级财政部门会同有关部门提出建议，报省级财政部门确定。市县级政府及其部门负责承担专项债券的发行前期准备、使用管理、还本付息、信息公开等工作。相关专项债券应冠以“××年××省、自治区、直辖市（本级或××市、县）××专项债券（×期）——×年××省、自治区、直辖市政府专项债券（×期）”名称②。

三、完善发债招标方式

地方政府债券发行招标方式可参考国债的续发方式，国债首次发行采用利率招标后，在这一年之内，以后各期国债发行的票面利率、兑付安排、交易及托管方式等均保持不变，只对价格进行招标。这样一方面可以保证每次发债的公平公正性，另一方面也可以减轻政府和投标单位的工作量，降低双方发行成本，提高工作效率。此外，随着市场化程度的提高和各方对地方债券利率的认可，地方政府债券的发行利率应根据地方债券收益率制定。

四、完善 PPP 融资模式

地方政府应当规范政府和社会资本合作。允许地方政府以单独出资或与社会资本共同出资方式设立各类投资基金，依法实行规范的市

---

① 财预〔2017〕50 号文：《关于进一步规范地方政府举债融资行为的通知》。

② 财预〔2017〕89 号文：《关于试点发展项目收益与融资自求平衡的地方政府专项债券品种的通知》。

场化运作，按照利益共享、风险共担的原则，引导社会资本投资经济社会发展的重点领域和薄弱环节，政府可适当让利。地方政府不得以借贷资金出资设立各类投资基金，严禁地方政府利用PPP、政府出资的各类投资基金等方式违法违规变相举债，除国务院另有规定外，地方政府及其所属部门参与PPP项目、设立政府出资的各类投资基金时，不得以任何方式承诺回购社会资本方的投资本金，不得以任何方式承担社会资本方的投资本金损失，不得以任何方式向社会资本方承诺最低收益，不得对有限合伙制基金等任何股权投资方式额外附加条款变相举债。

五、严格把控发债规模

地方政府发债相当于给政府的权力上了枷锁，政府行权必须考虑债务问题，因此政府要把握发债的规模，应坚持“以需定发”。到目前为止，债券的发行确实解决了存量债务，但这种把问题向后递延的方式是否会影响政府之后的工作，需要商榷。此外，地方政府在收入、支出和债务方面要做到公开透明，考虑地方政府的承受能力，合理发债，尽量避免风险。

六、完善债券监管体系

地方政府应建立从发行、使用到偿还的完善的监管体系。在发行方面，提高政府债务信息透明度，做好政府信誉评级，期限利率的选择切实考虑市场需求和未来偿还压力；使用方面，应科学统筹安排，完善预算使用监管，做好债务资金的精准使用，加大资金使用公开力度，及时在财政局官网上进行信息披露，完善债务信息披露制度；偿还方面，建立债务考核问责机制，完善地方债务审计制度，把政府性债务状况作为地方领导任期经济责任审计的重要内容，做好离任审计、责任追究，并建立专项偿债基金，丰富债务偿还资金来源，并加强立法，完善惩罚机制。此外还需加强各监管环节的衔接，建立完善有效的地方政府监管制度。

第六章　安徽省税收收入质量报告

国家税务总局下发《关于进一步规范税收征管秩序提高税收收入质量的通知》(税总函〔2015〕79号)，要求各级税务部门坚持依法征税，规范税收征管行为，认真落实各项税收优惠政策（以下简称《通知》)。并且《通知》进一步强调了提高收入质量的重要性，要求将收入质量管理作为重点工作常抓不懈，建立完善税收收入质量评价体系，加强对风险管理、税收入库、税收与经济匹配性等方面的考核，加强对税收收入质量的监督管理，实现真实、没有水分的增长。强化税收会计监督，及时发现税收执法风险，规范税收征管秩序。本章对安徽省税收收入质量作简要分析，期望对地方经济社会发展提供有益参考。本章中数据及相关排名仅供研究之用，不代表任何机构观点，文责自负。除相关特殊说明外，本章数据全部来自《安徽统计年鉴》。

第一节　税收收入质量概述及指标分析

一、税收收入质量的含义

所谓税收收入质量，是指税收收入的属性、质态，是各级税务机关按照国家法律法规组织税收收入的合法性、真实性和可靠性的客观反映。税收质量涉及税收收入起点、过程和结果，与经济发展、税源监管、征收管理、税款入库等因素与环节密切相关。不仅涉及税款征取的准确性，也涉及征税过程的努力程度，还涉及最终结果的绩效，是取得税收收入全过程的质量。本书鉴于数据的可得性，主要从税收收入具体情况、理论税收收入实现程度、税收可持续增长能力三方面设计具体指标，运用2011—2016年数据对安徽省及其各市进行测算，分析税收收入质量。

二、指标分析

（一）税收收入具体情况分析

1. 总体税收收入情况分析

通过观察安徽省全省以及安徽省各市的税收收入情况，直观判断出各市税收能力，计算得出税收增长率，反应税收增长能力。

计算公式：

地区税收收入增长率＝(报告期税收收入－基期税收收入)／基期税收收入×100％　　(6-1)

2. 主要税种税收收入情况

通过比较分析，挑选了与经济发展关系密切，对税收收入和税收质量影响较大的税种作为分析对象，分别为，增值税、直接税[①]、与土地、房产相关税种[②]。

计算公式：

地区主要税种税收收入增长率＝（报告期主要税种税收收入－基期主要税种税收收入）／基期主要税种税收收入×100％　　(6-2)

3. 非税收入占收入比重

非税收入的比重与地区税收能力和税收质量关系密切，非税收入比重低，表明该地区税收能力良好，税收收入为财政收入贡献率高；反之，非税收入比重高表明该地区税收能力和税收收入有待提升。

计算公式：

非税收入占收入比重＝(报告期收入－报告期税收收入)／报告期税收入×100％　　(6-3)

---

① 本书做计算的直接税为企业所得税和个人所得税之和。

② 本书中与土地、房产相关税种包括城镇土地使用税、土地增值税、房产税、契税、耕地占用税。

4. 税收分经济类型情况

分析了各地区国有企业、集体企业、股份公司（包括股份合作企业和股份有限公司）、私营企业和港、澳、台商及外商投资企业占注册类型企业税收收入的比重。该比重表明该企业类型在该地区的发展态势和未来的发展方向，对地区企业类型多样化发展具有指导意义。

计算公式：

地区各企业类型税收收入＝报告期各企业类型税收收入/报告期企业类型总税收收入×100％ （6－4）

（二）理论税收收入实现程度

1. 税收宏观税负标准差

宏观税负反映一定时期某地区经济总量所承担的税收负担。由于各地经济结构不同，宏观税负也存在较大差异，税负指标在地区之间缺乏可比性，在最后地区排名分析时重点考察某地区宏观税负标准差即变化的波动情况。从目前我国经济发展和税收征收的现状来看，如该指标较低，说明经济和税收结构优化以及税收管理质量和效率提高，对税制的遵从度提高，综合反映税收质量提高。

计算公式：

地区税收宏观税负＝地区税收收入/地区生产总值×100％ （6－5）

地区宏观税负标准差＝sqrt［（（2011年宏观税负－宏观税负均值）^2＋（2012年宏观税负－宏观税负均值）^2＋…＋（2016年宏观税负－宏观税负均值）^2）/n］ （6－6）

2. 税收弹性系数

税收弹性是一定时期税收增长率与现价经济增长率的比值，反映了经济变化对税收变化的影响以及税收与经济运行的协调性。经济学界一般认为弹性系数在0.8～1.2之间为合理区间，如果弹性系数在合理范围内，表明税收与经济增长相协调，税收质量较高；如果该指标波动超出合理范围，则表明税收与经济的适应性较差，即税收质量较低。

计算公式：

$$税收弹性系数=税收收入增长率/地区现价生产总值增长率 \quad (6-7)$$

（三）税收可持续增长能力的指标

1. 直接税收入占比系数变动率

税制改革的方向是不断提高直接税收占总体税收的比重，通过设置该指标，反映直接税收入占全部税收收入比重增减情况，直接税收收入比重增加说明税种结构不断优化，税源增长潜力提高，税收收入质量提高；反之则说明税收质量下降。本书鉴于数据的可得性，用所得税来代表直接税。

计算公式：

所得税占全部税收收入比重=（企业所得税收入+个人所得税收入）/全部税收收入×100%　(6-8)

直接税收入占比系数变动率=（报告期所得税占全部税收收入比重－基期所得税占全部税收收入比重）/基期所得税占全部税收收入比重×100%　(6-9)

2. 第三产业税收占比变动率

第一、二产业比重下降，第三产业比重上升是产业结构演进和发展的必然趋势，加快第三产业发展也是我国经济结构调整的一项主要目标，在税制无较大变动的情况下，第三产业税收收入比重上升，说明该地区经济结构逐步优化，有利于培养税源，提高未来税收收入的可持续增长能力。

计算公式：

第三产业税收占比=第三产业税收收入/全部税收收入×100%　(6-10)

第三产业税收占比变动率=（报告期三产业税收占比－基期三产业税收占比）/基期三产业税收占比×100%　(6-11)

第二节　安徽省税收收入质量评估

一、安徽省税收收入具体情况分析

（一）安徽省总体税收收入情况

2011—2016 年，安徽省税收收入总体绝对数值为上升趋势，如图 6-1 所示。从历年的税收收入情况可以看出，税收收入一直有所增长，税收增长率持续下降，截至 2016 年，税收增长率下降到 3.20%。2016 年共计完成税收收入 18575281 万元，与上年相比增收 576359 万元，增长率 3.20%，增幅相对较低。从结构性减税到深化财税体制改革，减税的基调一直未变，安徽省切实落实国家政策，给企业和人民释放减税红利，用实际行动促进安徽省经济发展。

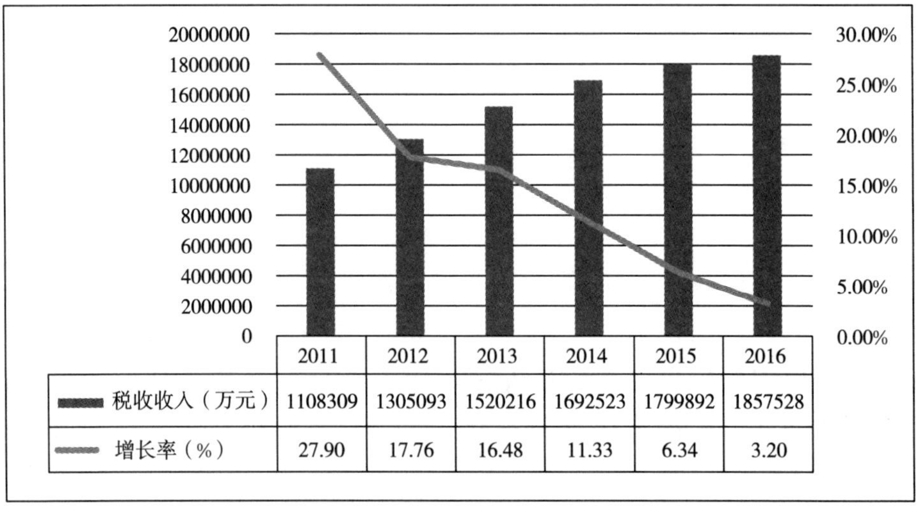

图 6-1　2011—2016 年安徽省税收收入及增长率

（二）安徽省主要税种税收收入情况

2011—2016 年，安徽省增值税绝对税额持续上涨，如图 6-2 所示。增值税作为税收收入的主要税种，其增长趋势与税收收入增长趋势以及全省经济的发展有很大关系。2016 年安徽省增值税累计完成 5303404 万元，同比增收 2572319 万元，增长率为 94.19%。由于 2016 年 5 月 1 日“营改增”全面推开，致使 2016 年增值税收入有较大幅度增长。

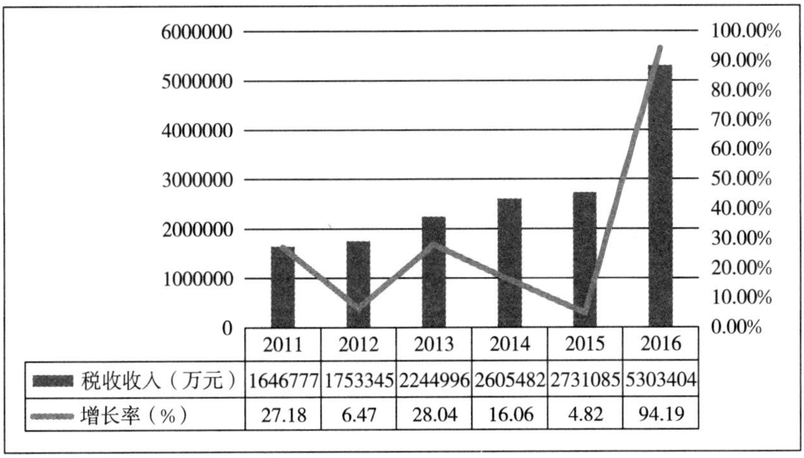

图 6-2 2011—2016 年安徽省增值税税收收入及增长率

营业税于 2016 年 5 月 1 日退出历史舞台，2016 年安徽省营业税收入 3099903 万元，由于“营改增”改革之原因，营业税税收收入呈现负增长，负增长率为-47.17%，如图 6-3 所示。

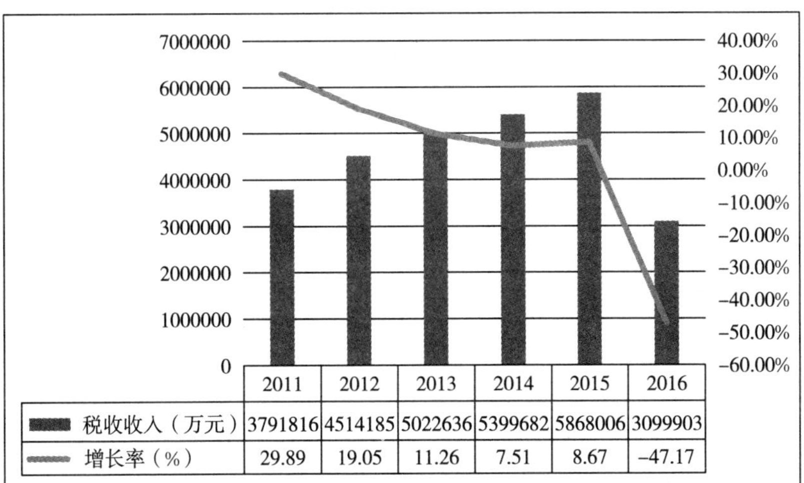

图 6-3 2011—2016 年安徽省营业税税收收入及增长率

2011—2016 年，安徽省直接税税额持续上涨，如图 6－4 所示。从增长速度来看，2013 年和 2015 年增长率下降至 6.12％，2014 年有所反弹，增长率为 15.63％，2016 年安徽省直接税增长率继续下降至 1.32％。安徽省直接税增长率波动较大，总体上，直接税增长率呈下降趋势。2016 年安徽省直接税累计完成 2925216 万元，同比增收 38134 万元，增长率 1.32％，直接税税收收入近两年较为稳定。

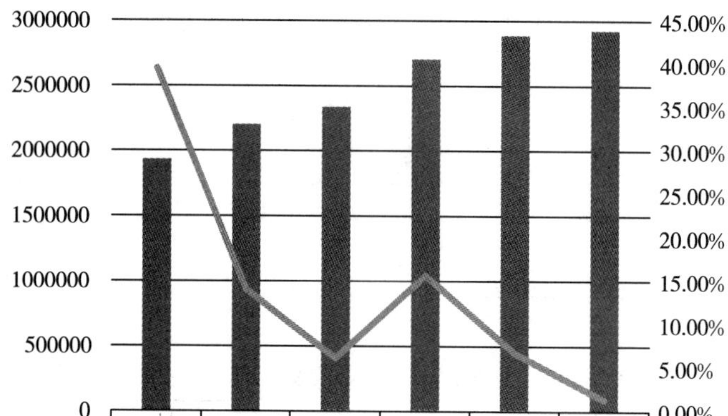

	2011	2012	2013	2014	2015	2016
税收收入（万元）	1933047	2204097	2339038	2704614	2887082	2925216
增长率（%）	39.50	14.02	6.12	15.63	6.75	1.32

图 6－4　2011—2016 年安徽省直接税税收收入及增长率

城镇土地使用税、房产税和土地增值税与房地产市场的变化紧密相关，由图 6－5 可以看出，安徽省房产税和城镇土地使用税对应年份 2011—2016 年绝对数额持续走高，安徽省土地增值税对应年份 2011—2016 年绝对数额大部分年份呈现上涨趋势，仅在 2015 年呈现负增长。另外，从增长率来看，安徽省房产税增长率紧随城镇土地使用税增长率变化，趋势大体一致。其中 2011 年、2012 年和 2014 年中，城镇土地使用税和房产税增长率偏高，2013 年两个增长率均为统计年份的低谷。2014 年、2015 年，城镇土地使用税和房产税上涨趋势明显，但在 2016 年城镇土地使用税和房产税增长率呈现较大幅度的下降，城镇土地使用税增长率仅为 6.69％，房产税增长率为 11.76％，增长速度放缓，可见我省 2016 年房地产行业热度略有下降。我省土地增值税于

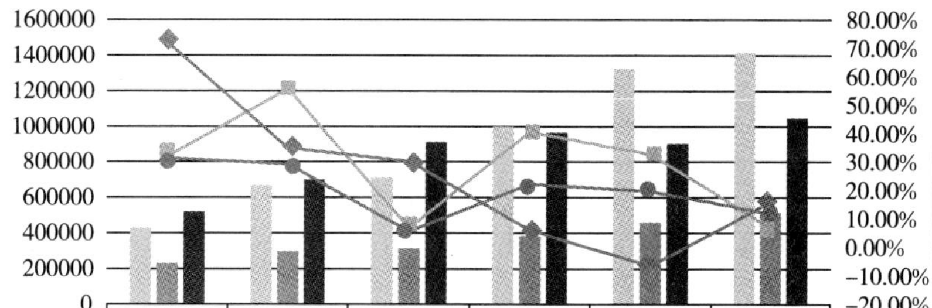

	1	2	3	4	5	6
城镇土地使用税（单位：万元）	428100	666815	711703	1000537	1327139	1415973
房产税（单位：万元）	230719	297939	314675	384322	459872	513964
土地增值税（单位：万元）	519784	700633	911505	966661	904159	1048289
城镇土地使用税增长率	31.85%	55.76%	6.73%	40.58%	32.64%	6.69%
房产税增长率	31.23%	29.14%	5.62%	22.13%	19.66%	11.76%
土地增值税增长率	71.99%	34.79%	30.10%	6.05%	-6.47%	15.94%

图 6－5　2011—2016 年安徽省城镇土地使用税、房产税、土地增值税及三者增长率

2011—2013 年增长率较高，但在 2014 年以后，增长率急剧下降，甚至在 2015 年呈现负增长，2016 年土地增值税实现 1048289 万元，涨幅 15.94%。

（三）非税收入占收入比重

从统计数据来看，2011—2016 年安徽省非税收入占收入比重均超过 20%，比重大体在 25%上下徘徊，幅度不大，如图 6－6 所示。2016 年，安徽省非税收入相比 2015 年提高 1608532 万元，非税收入占收入比重提高 30.50%，为统计年份中增长率最高的年份。2014 年非税收入为 5259182 万元，相比 2013 年绝对数额降低 289400 万元，占收入比重降低 4%。

（四）税收分经济类型情况

从分经济类型来看，股份公司和有限责任公司税收收入仍占主导地位，2012—2016 年税收占所有注册类型收入均超过 55%，2014 年和 2015 年占比分别高达 64.34%、65.22%，2016 年占比也达到

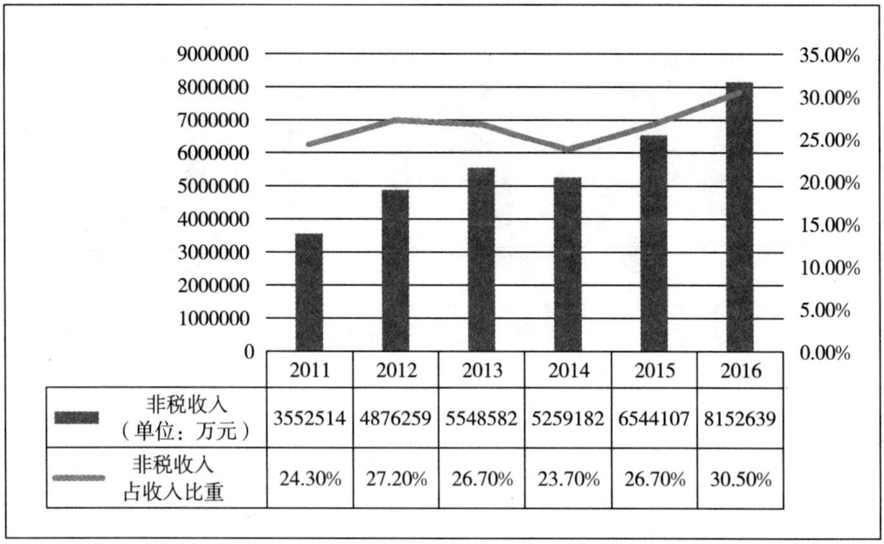

图 6-6 2011—2016 年安徽省非税收入占收入比重

62.37%，说明安徽省企业经济近年来蓬勃发展，见表 6-1 所列。总体来看，其余税收占所有注册类型收入较高的企业为私营企业，2012—2016 年，占比也均超 10%。2016 年，股份公司和有限责任公司收入占比 62.37%，私营企业占比 12.03%，国有企业占比 5.69%，三者共计占比 80.08%。股份公司和有限责任公司、集体企业和港、澳、台商及外商投资企业占比相比 2016 年有所下降，说明安徽省其他注册类型企业比重上升，多类型、多样化经济发展态势良好。

表 6-1 2012—2016 年安徽省分经济类型企业税收占比 单位：%

时期	国有企业	集体企业	股份公司（包括股份合作企业和股份有限公司）	私营企业	港、澳、台商及外商投资企业
2012	6.80	0.97	57.25	12.26	3.71
2013	5.93	0.72	60.57	12.32	3.47
2014	5.59	0.65	64.34	13.31	4.62
2015	5.57	0.57	65.22	12.89	3.98
2016	5.68	0.49	62.37	12.03	3.85

二、理论税收收入实现程度

（一）税收宏观税负变动率

根据 2011—2016 年安徽省地区税收收入和地区生产总值计算得出地区宏观税负及其变动率，具体数值和变动趋势如图 6-7 所示。从图可以看出 2011 年到 2016 年安徽省宏观税负水平呈现逐年上升趋势，从 2011 年的 7.32%到 2015 年 8.18%，共计上升 0.94 个百分点。但是 2016 年增长趋势有所下降，跌至 7.70%。从地区宏观税负变动率来看，2012 年的变动速度大于 2011 年，之后变动速度逐年递减，至 2016 年为−5.87%。主要原因是随着“营改增”的持续推进，“营改增”减税效应凸显，从而使地方总体的税收负担水平降低。从六年总体变化来看，宏观税负变动率由 2012 年开始逐年递减，至 2016 年呈现负数，表明安徽省经济和税收结构优化以及税收管理质量和效率提高，对税制的遵从度提高，综合反映税收质量较高。

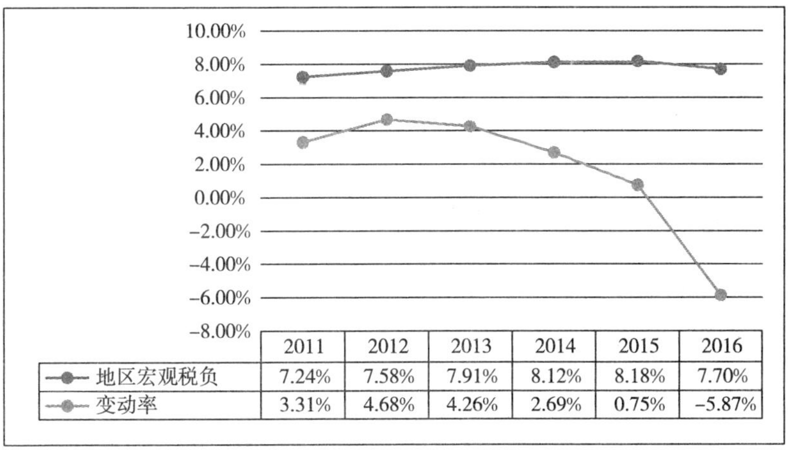

	2011	2012	2013	2014	2015	2016
地区宏观税负	7.24%	7.58%	7.91%	8.12%	8.18%	7.70%
变动率	3.31%	4.68%	4.26%	2.69%	0.75%	-5.87%

图 6-7 2011—2016 年安徽省地区宏观税负及其变动率

（二）税收弹性系数

根据 2011—2016 年安徽省地区税收收入和地区生产总值计算得出税收弹性系数，如图 6-8 所示。从图可以看出，2012—2014 年安徽省税收弹性系数超过经济学界认为的 0.8～1.2 的合理区间，2011 年的税收弹性系数 117.23％虽然没有超过，但也临近 1.2 边界。这表明安徽省这四年的税收与经济增长轨迹出现轻微偏差，协调程度不是很高。但从具体数值来看，2013 年和 2014 年都是下降的，到 2015 年安徽省税收弹性系数回落到合理区间内，2016 年达到 33.33％的良好水平。说明安徽省税收逐步调整，回到经济增长轨迹中，使得税收和经济增长相辅相成，税收收入质量也相应提高。

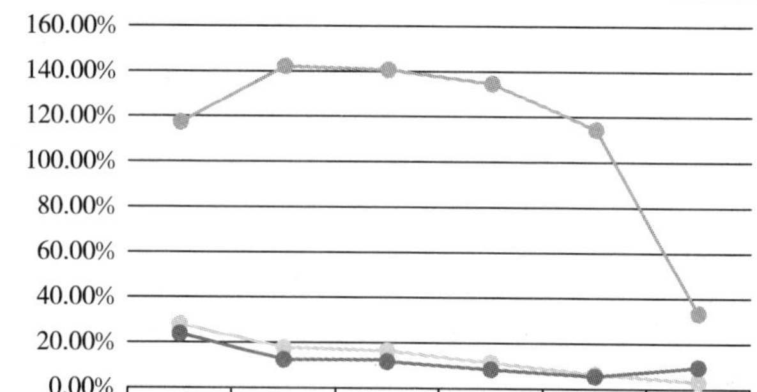

	2011	2012	2013	2014	2015	2016
税收增长率	27.90%	17.76%	16.48%	11.33%	6.43%	3.20%
地区生产总值增长率	23.80%	12.49%	11.72%	8.42%	5.55%	9.60%
税收弹性系数	117.32%	142.13%	140.64%	134.59%	114.32%	33.33%

图 6－8　2011—2016 年安徽省税收弹性系数

三、税收可持续增长能力的指标

（一）直接税收入占比系数变动率

根据安徽省 2011—2016 年企业所得税、个人所得税和地区税收收入计算得出直接税收入占比及其变动率，如图 6－9 所示。从图可以看出，2012 年与 2013 年，直接税占比系数变动率呈负方向变化，直接税占比从 2011 年的 17.44％下降到 15.39％。2014 年和 2015 年，直接税占比系数变动率为正数，直接税收入比重处于不断提高的状态，共计提高 0.65 个百分点，这和我国税制改革提出的不断提高直接税收入占税收的比重要求是相符合的。2016 年，直接税占比系数变动率再次呈现负方向变化，说明安徽省在这两年间的税制结构优化工作出现倒退，税收质量欠佳。从这点说明安徽省税制结构处于不断优化的过程，税源增长潜力有待提高，税收收入质量需提高。

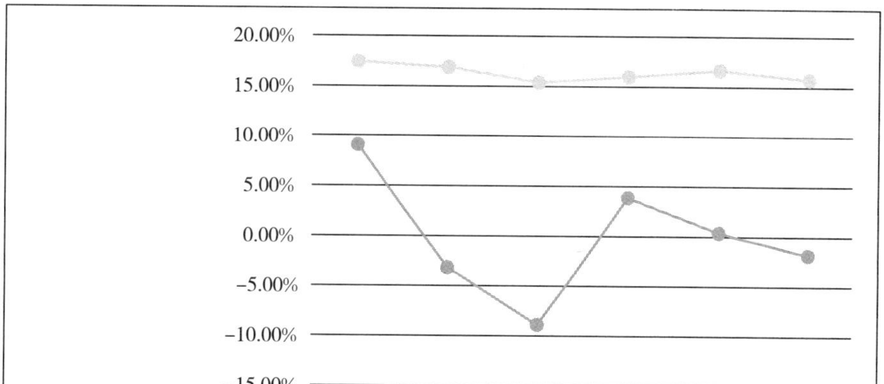

	2011	2012	2013	2014	2015	2016
直接税收入占比系数	17.44%	16.89%	15.39%	15.98%	16.64%	15.75%
直接税占比系数变动	9.07%	-3.17%	-8.89%	3.86%	0.38%	-1.82%

图 6-9 2011—2016 年安徽省直接税收入占比系数及其变动率

（二）第三产业税收占比变动率

由于数据的可得性，根据安徽省 2012—2016 年的第三产业税收和地区税收收入计算得出第三产业税收占比及其变动率，如图 6-10 所示。从图可以看出，安徽省地方政府税收中第三产业税收占比在 2012—2016 年间，2015 年出现轻微下降，其他年份处于稳步上升趋势。第三产业税收占比从 65.94%上升至 69.41%。2015 年相比 2014 年出现小幅度下降，原因是第三产业中的主要产业，如房地产、金融、租赁等“营改增”之前都缴纳营业税，但随着“营改增”的持续推进，变成缴纳增值税项目，缴纳地点从地税转移到国税。虽然受“营改增”影响，但安徽省 2016 年相比 2015 年来说，第三产业税收占比仍然提高 2.77 个百分点。综合分析来看，安徽省第三产业税收占比稳步前进，说明安徽省经济结构逐步优化，税收质量稳步提升，有利于本地区培养税源，提高未来税收收入的可持续增长能力。

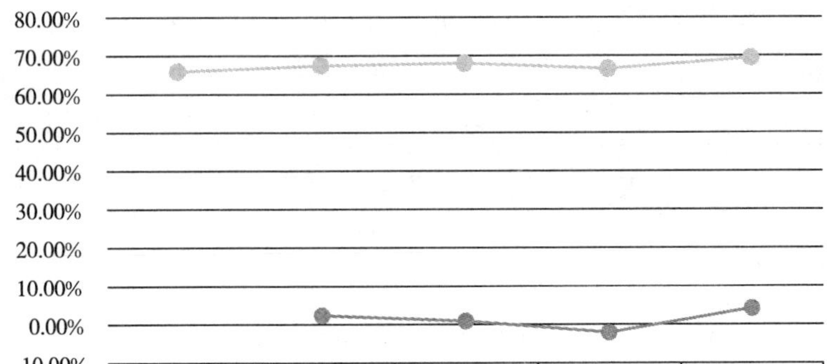

	2012	2013	2014	2015	2016
第三产业税收占比	65.94%	67.46%	68.07%	66.64%	69.41%
第三产业税收占比变动		2.31%	0.90%	-2.10%	4.17%

图 6-10 2012—2016 年安徽省第三产业税收占比及其变动率

第三节 安徽省各市各指标排名

一、税收收入情况具体分析

（一）税收收入总体情况

其一，2016 年各市税收收入中，宿州市、芜湖市、六安市、宣城市、池州市、马鞍山市、铜陵市、黄山市、淮北市共 9 市呈现负增长，降幅维持在 0.08%～15.26%之间，在下降的城市中，降幅最大的为池州市，降幅最小的为芜湖市。其中，负增长数值大于－10%的城市有宿州、芜湖、六安、宣城、马鞍山、铜陵、黄山、淮北，负增长数值小于－10%的城市只有池州。其余地市税收收入水平均有所提高，涨幅维持在 3.85%～13.10%之间，在上涨的城市中，涨幅最高的为淮南市，最低的为阜阳市，见表 6-2 所列。

表 6-2　2011—2016 年安徽省各市税收收入

地区	2011	2012	2013	2014	2015	2016	平均值	排名
合肥市	2745361	3114332	3564974	4257817	4609552	5019220	3885209	1
芜湖市	1184167	1443375	1700457	1845641	2039027	2037303	1708328	2
马鞍山市	687091	732590	950434	931618	974395	941159	869548	3
滁州市	541584	705493	817341	888830	981798	1107165	840369	4
宣城市	536103	660604	784277	870423	908301	873385	772182	5
蚌埠市	455778	568093	679687	792710	897413	939649	722222	6
阜阳市	451089	520016	653559	804039	871381	979027	713185	7
安庆市	458280	574326	696311	799885	782571	812723	687349	8
淮南市	586640	694952	686227	586913	561333	634846	625152	9
六安市	426996	503093	594311	710966	746139	708368	614979	10
亳州市	263009	354059	499730	558268	622501	674573	495357	11
宿州市	291817	373827	466244	543338	602408	593842	478579	12
铜陵市	331884	401816	430000	483098	483470	473886	434026	13
淮北市	358206	426393	431232	450545	422503	396866	414291	14
池州市	263229	369246	463237	471182	460913	390586	403066	15
黄山市	328383	361068	416277	429817	436067	399588	395200	16

注：税收收入单位为万元，排名为均值排名。

其二，总体情况而言，合肥市在税收收入规模和增长率上与其他市相比有较大的优势，2011—2016 年税收收入排名第一，增长率排名第九，2011—2016 年，合肥市税收收入总体绝对数值为上升趋势，从历年的税收收入情况可以看出，税收收入持续增长，2011 年和 2014 年涨幅较大，均超过 18%，2011 相比 2010 年增长 23.98%，2014 年相比 2013 年增长 19.43%。2016 年共计完成税收收入 5019220 万元，与上年同比增收 409668 万元，增长率为 8.89%。2015 年增幅为 8.26%，可以看出，2015 年、2016 年增长幅度较为稳定。2016 年合肥市生产总值（GDP）为 6274.3 亿元，按可比价格计算，比上年增长 9.8%，分别快于全国、全省 3.1 和 1.1 个百分点，见表 6-3 所列。原因主要是“营改增”政策全面推行，合肥市大部分企业涉及“营改增”政策的落实，减税效应形成，有利于促进经济的发展和提升。

表 6-3　2011—2016 年安徽省各市税收收入增长率

地区	2011	2012	2013	2014	2015	2016	平均值	排名
亳州市	49.42%	34.62%	41.14%	11.71%	11.51%	8.36%	26.13%	1
宿州市	53.48%	28.10%	24.72%	16.54%	10.87%	−1.42%	22.05%	2
滁州市	37.64%	30.26%	15.85%	8.75%	10.46%	12.77%	19.29%	3
阜阳市	36.64%	15.28%	25.68%	23.02%	8.38%	3.85%	18.81%	4
蚌埠市	33.72%	24.64%	19.64%	16.63%	13.21%	4.71%	18.76%	5
安庆市	30.19%	25.32%	21.24%	14.87%	−2.16%	12.35%	16.97%	6
芜湖市	42.64%	21.89%	17.81%	8.54%	10.48%	−0.08%	16.88%	7
六安市	40.38%	17.82%	18.13%	19.63%	4.95%	−5.06%	15.97%	8
合肥市	23.98%	13.44%	14.47%	19.43%	8.26%	8.89%	14.74%	9
宣城市	32.24%	23.22%	18.72%	10.98%	4.35%	−3.84%	14.28%	10
池州市	34.20%	40.28%	25.45%	1.72%	−2.18%	−15.26%	14.04%	11
马鞍山市	45.91%	6.62%	29.74%	−1.98%	4.59%	−3.41%	13.58%	12
铜陵市	28.34%	21.07%	7.01%	12.35%	0.08%	−1.98%	11.14%	13
黄山市	44.89%	9.95%	15.29%	3.25%	1.45%	−8.37%	11.08%	14
淮北市	30.36%	19.04%	1.13%	4.48%	−6.22%	−6.07%	7.12%	15
淮南市	27.96%	18.46%	−1.26%	−14.47%	−4.36%	13.10%	6.57%	16

注：排名为均值排名。

其三，亳州市位于安徽省北部，在省内属于经济发展较为落后的市，2011—2016 年亳州市税收收入平均增长率排名第一，税收收入排名第十一，2016 年税收收入为 674573 万元，涨幅 8.36%，2015 年税收收入涨幅为 11.51%，呈现略有减缓之势。

其四，淮南市税收收入比较特别，2011 年和 2012 年有所上升，其增长率分别为 27.96%和 18.46%，从 2013 年至 2015 年三年间持续下滑，其中 2014 年税收收入下降额度最大，相比 2013 年下降 99314 万元，税收收入增长率在 2013 年、2014 年和 2015 年都为负数，分别为 −1.26%、−14.47% 和 −4.36%，2016 年实现正增长，涨幅 13.10%，位居 2016 年各市税收收入增长率首位。2016 年淮南市生产总值（GDP）为 963.8 亿元，按可比价格计算，比上年增长 6.6%，从其经济结构可以看出，第二产业、第三产业增长速度较快，分别实现了7.0%和7.4%的增长，其次淮南市煤炭行业在供给侧改革下，积极寻求转型，煤炭行业实现10.6%的较快增长。

（二）主要税种税收收入情况

增值税作为税收收入的主要税种，其增长趋势与税收收入增长趋势吻合度较高。上表反映的是2011—2016年安徽省各市增值税税收收入增长率，具体分析有以下几点：

其一，2016年各市增值税税收收入均呈现较大幅度增长，由于“营改增”改革的全面实施，营业税退出历史舞台，2016年5月1号以后实现了所有行业均纳入增值税的纳税范围，这导致各市增值税税收收入大幅度增加。其中，涨幅维持在44.86%～139.75%，涨幅最大的是六安市，涨幅最小的是池州市，涨幅超过100%的城市有合肥、安庆、六安、阜阳、滁州、宣城，其他城市涨幅均低于100%，见表6-4所列。

表6-4　2011—2016年安徽省各市增值税税收收入

地区	2011	2012	2013	2014	2015	2016	平均值	排名
合肥市	344133	392768	523980	591345	622534	1429495	650709	1
芜湖市	181434	221916	360711	413747	455827	740338	395662	2
马鞍山市	163473	132835	162508	175868	162993	314919	185433	3
蚌埠市	75255	94663	124366	167350	195310	311085	161338	5
宣城市	110662	111240	125047	155298	149348	306928	159754	6
淮南市	154050	150844	133585	122993	127202	239448	154687	4
阜阳市	90256	101974	116158	135829	134311	317150	149280	7
滁州市	78210	82354	104422	122149	139539	287000	135612	8
安庆市	77539	67415	91851	106760	122515	277641	123954	9
亳州市	45294	61423	89603	117482	133892	229374	112845	11
淮北市	105788	84636	79975	95165	92659	140613	99806	10
铜陵市	66917	66463	75698	82803	86006	150427	88052	12
六安市	51264	60785	75002	77602	73784	176899	85889	13
宿州市	50660	60210	63823	67153	76012	151564	78237	14

（续表）

地区	2011	2012	2013	2014	2015	2016	平均值	排名
池州市	23625	30889	61583	74615	66203	95901	58803	15
黄山市	28217	32623	54777	57721	47908	89833	51847	16

注：税收收入单位为万元，排名为均值排名。

其二，合肥市在增值税税收收入绝对规模上仍有较大优势，2011—2016 年合肥市平均增值税税收收入排名第一，增长率排名第三，与总税收收入增长率排名第九相比，增值税税收收入对总体税收收入有正向的拉动作用。2011—2016 年，合肥市增值税税收收入绝对数额持续增长，2016 年实现 129.63%的增长，“营改增”的全面实施是导致增值税税收收入快速增长的根本原因。

其三，亳州市 2011—2016 年增值税税收收入平均增长率排名第一，增值税税收收入排名第十一，增值税税收收入增长显著，见表 6－5所列。另外，亳州市增值税的排名情况与总体税收收入的排名情况相同，揭示了亳州市总体税收收入以增值税为主的现状。

表 6－5 2011—2016 年安徽省各市增值税税收收入增长率

地区	2011	2012	2013	2014	2015	2016	平均值	排名
亳州市	49.51%	35.61%	45.88%	31.11%	13.97%	71.31%	41.23%	1
芜湖市	63.21%	22.31%	62.54%	14.70%	10.17%	62.42%	39.22%	2
合肥市	34.65%	14.13%	33.41%	12.86%	5.27%	129.63%	38.32%	3
安庆市	30.84%	−13.06%	36.25%	16.23%	14.76%	126.62%	35.27%	4
六安市	28.65%	18.57%	23.39%	3.47%	−4.92%	139.75%	34.82%	5
池州市	23.93%	30.75%	99.37%	21.16%	−11.27%	44.86%	34.80%	6
蚌埠市	40.51%	25.79%	31.38%	34.56%	16.71%	59.28%	34.70%	7
阜阳市	23.52%	12.98%	13.91%	16.93%	−1.12%	136.13%	33.73%	8
黄山市	37.01%	15.61%	67.91%	5.37%	−17.00%	87.51%	32.74%	9
滁州市	26.90%	5.30%	26.80%	16.98%	14.24%	105.68%	32.65%	10
宿州市	46.26%	18.85%	6.00%	5.22%	13.19%	99.39%	31.49%	11
宣城市	40.66%	0.52%	12.41%	24.19%	−3.83%	105.51%	29.91%	12

（续表）

地区	2011	2012	2013	2014	2015	2016	平均值	排名
铜陵市	30.98%	−0.68%	13.89%	9.39%	3.87%	74.90%	22.06%	13
马鞍山市	22.49%	−18.74%	22.34%	8.22%	−7.32%	93.21%	20.03%	14
淮南市	14.20%	−2.08%	−11.44%	−7.93%	3.42%	88.24%	14.07%	15
淮北市	19.23%	−19.99%	−5.51%	18.99%	−2.63%	51.75%	10.31%	16

注：排名为均值排名。

其四，淮北市和淮南市是安徽省的两个煤炭大市，两市平均增值税增长率分列第十六和第十五，为倒数位置。推测可能与税收收入变化原因有相似之处，即全球经济下滑和产能过剩导致淮南市煤炭、电力发展面临严峻考验。

上述两个表格反映了我省各市土地税收收入与占比情况，土地税收是指房产税、土地使用税、耕地占用税、土地增值税、契税这五大税种。土地税收的主要作用是引导土地资源的合理利用，调节土地收益分配，促进企业的良性竞争。因此，上述表格对土地税收的分析可以更加准确地得知各市的土地使用与分配情况。从表 6－6 可以看出，合肥市作为省会城市，土地房产占用率位居全省首位，土地税收的总收入达到了 999609 万元，排名第一，说明合肥市近几年的房地产市场发展迅速，房价也在迅速上涨，居民生活水平也逐渐提高。从表格中可以看出我省各市的土地税收逐年增加，从侧面也反映出了我省的房地产市场近几年的升温。

表 6－6　2011—2016 年安徽省各市土地税收收入排名

地区	2011	2012	2013	2014	2015	2016	平均值	排名
合肥市	603153	683684	852740	1014721	1308366	1534990	999609	1
芜湖市	298494	386204	481153	541327	584467	651541	490531	2
滁州市	149956	211354	257676	260145	329610	499684	284738	3
马鞍山市	173684	203166	333361	303816	298922	333139	274348	4
宣城市	132220	229912	271728	300832	334495	311509	263449	5
阜阳市	108759	114610	202410	267317	300047	339224	222061	6

（续表）

地区	2011	2012	2013	2014	2015	2016	平均值	排名
安庆市	119553	180061	185372	244594	242320	249357	203543	7
蚌埠市	121311	168892	168961	209437	235627	264789	194836	8
六安市	115068	127201	167624	230716	237758	267864	191039	9
淮南市	125271	196137	204342	170682	134828	175710	167828	10
池州市	88898	142855	210435	196144	200201	161255	166631	11
宿州市	68249	104554	154894	177760	214217	223307	157164	12
黄山市	102841	120981	153987	164817	181106	190614	152391	13
亳州市	65664	83425	163735	155599	196816	239012	150709	14
铜陵市	81343	115612	117091	162974	166725	166787	135089	15
淮北市	49635	107070	138230	134397	102600	115165	107850	16

注：税收收入单位为万元，排名为均值排名。

从表 6－7 可以看出，合肥市的土地税收收入占比均值只有 25.11%，排名 16，合肥土地使用税收入虽然很高，但并非合肥市的主要税收收入，合肥市目前主要的税收收入还是增值税收入，但是可以看出房地产的热度不减。

表 6－7 2011—2016 年安徽省各市土地税收收入占总税收收入排名

地区	2011	2012	2013	2014	2015	2016	平均值	排名
池州市	33.77%	38.69%	45.43%	41.63%	43.44%	41.29%	40.71%	1
黄山市	31.32%	33.51%	36.99%	38.35%	41.53%	47.70%	38.23%	2
宣城市	24.66%	34.80%	34.65%	34.56%	36.83%	35.67%	33.53%	3
滁州市	27.69%	29.96%	31.53%	29.27%	33.57%	45.13%	32.86%	4
宿州市	23.39%	27.97%	33.22%	32.72%	35.56%	37.60%	31.74%	5
马鞍山市	25.28%	27.73%	35.07%	32.61%	30.68%	35.40%	31.13%	6
铜陵市	24.51%	28.77%	27.23%	33.74%	34.49%	35.20%	30.65%	7
六安市	26.95%	25.28%	28.20%	32.45%	31.87%	37.81%	30.43%	8
阜阳市	24.11%	22.04%	30.97%	33.25%	34.43%	34.65%	29.91%	9
安庆市	26.09%	31.35%	26.62%	30.58%	30.96%	30.68%	29.38%	10

（续表）

地区	2011	2012	2013	2014	2015	2016	平均值	排名
亳州市	24.97%	23.56%	32.76%	27.87%	31.62%	35.43%	29.37%	11
芜湖市	25.21%	26.76%	28.30%	29.33%	28.66%	31.98%	28.37%	12
蚌埠市	26.62%	29.73%	24.86%	26.42%	26.26%	28.18%	27.01%	13
淮南市	21.35%	28.22%	29.78%	29.08%	24.02%	27.68%	26.69%	14
淮北市	13.86%	25.11%	32.05%	29.83%	24.28%	29.02%	25.69%	15
合肥市	21.97%	21.95%	23.92%	23.83%	28.38%	30.58%	25.11%	16

注：排名为均值排名。

（三）非税收入占收入比重情况

非税收入占收入比重为一个相对指标，非税收入的增加说明企业在除税以外的费用负担有所增加，非税收入的减少说明政府应该积极推进费改税，优化除税收以外的费用机制，优化税收结构，税收质量有所改善。

表 6－8 反映的是 2011—2016 年安徽省各市非税收入占收入比重情况。

表 6－8　2011—2016 年安徽省各市非税收入占收入比重情况

地区	2011	2012	2013	2014	2015	2016	平均值	排名
黄山市	27.83%	35.89%	29.90%	36.78%	39.09%	47.28%	36.13%	1
池州市	35.78%	29.50%	28.89%	31.15%	35.36%	45.34%	34.34%	2
铜陵市	26.83%	36.82%	33.00%	27.10%	27.63%	41.29%	32.11%	3
安庆市	36.70%	32.92%	29.28%	24.29%	26.57%	36.50%	31.04%	4
马鞍山市	24.86%	42.68%	34.98%	23.04%	25.51%	32.93%	30.67%	5
宿州市	25.10%	29.86%	29.73%	29.39%	29.96%	37.90%	30.32%	6
滁州市	26.67%	27.23%	28.57%	28.11%	31.69%	33.82%	29.35%	7
淮南市	17.82%	29.52%	38.03%	22.12%	27.40%	34.85%	28.29%	8
宣城市	21.58%	24.01%	27.16%	27.60%	30.96%	37.31%	28.10%	9
六安市	24.77%	27.37%	27.38%	25.05%	27.79%	27.91%	26.71%	10
蚌埠市	25.72%	27.55%	26.79%	24.75%	25.02%	29.81%	26.61%	11

（续表）

地区	2011	2012	2013	2014	2015	2016	平均值	排名
阜阳市	19.06%	24.98%	23.52%	22.32%	27.41%	26.63%	23.99%	12
亳州市	22.74%	25.75%	22.38%	23.21%	23.49%	22.48%	23.34%	13
芜湖市	15.40%	19.33%	20.54%	20.97%	22.61%	31.80%	21.78%	14
淮北市	5.91%	17.77%	14.91%	14.69%	29.85%	32.93%	19.34%	15
合肥市	18.90%	20.04%	18.72%	14.90%	19.35%	18.37%	18.38%	16

注：排名为均值排名。

具体分析，有以下几点。

其一，相比于 2015 年，大多数地市的非税收入占收入比重呈增长趋势。

其二，就 2011—2016 年平均值来看，淮北市表现较好，非税收入占收入比重统计年份中的平均值为 19.34%，在安徽省地市中排名第十五。淮北市非税收入总量总体呈逐年增加趋势，2016 年非税收入最高，为 194896 万元，占收入比重的 32.93%。2014 年淮北市组织非税收入收缴情况专项检查，检查发现，2014 年至 2015 年，各县区非税收入依法征收、应收尽收，较好地完成了非税收入的收缴任务，非税收入收缴情况和管理情况良好。各县区深入贯彻落实《预算法》要求，严格执行《安徽省政府非税收入管理暂行办法》和《安徽省政府非税收入收缴管理暂行办法》。非税收入收缴能够按照省市有关规定进行管理和核算，未发现违规多征、提前征收或者减征、免征、缓征非税收入现象以及截留、占有、挪用等违规违纪现象。

其三，黄山市 2011—2016 年非税收入占收入比重在 27.83%～47.28%的区间内波动，为高区间波动，平均值也位于安徽省各地市中的首位。2013 年相比 2012 年降低 5.99%，反映出良好的趋势。但随后的几年里，非税收入占比连续几年上涨，2014 年非税收收入比 2013 年提高 72535 万元，非税收入占比提高 6.88%；2015 年非税收入占收入比重上升至 39.09%，相比 2014 年提高 2.31%，非税收入增长至 279888 万元；2016 年更是增长至 358360 万元，非税收入占比更是达到 47.28%，均为统计年份内峰值。总体来看，黄山市非税收入在曲折中上升，2016年相比2011年非税收入增加了231742万元，六年间非税收入绝对数额上升较大，黄山市税收结构有待进一步改善，税收质量有待进一步提高。

二、税收收入宏观指标排名

（一）税收宏观税负及标准差排名

课题组通过统计年鉴和安徽省地税局获得安徽省各地市2011年到2016年地区税收收入和地区生产总值，计算得出地区宏观税负及其标准差，并根据六年数据平均值进行排名，见表6-9和表6-10所列。

表6-9　2011—2016年安徽省各市宏观税负排名

地区	2011	2012	2013	2014	2015	2016	平均值	排名
宣城市	7.98%	8.72%	9.24%	9.49%	9.35%	8.26%	8.84%	1
黄山市	8.67%	8.50%	8.84%	8.47%	8.21%	6.93%	8.27%	2
池州市	7.07%	8.84%	9.80%	9.11%	8.46%	3.88%	7.86%	3
合肥市	7.55%	7.48%	7.61%	8.22%	8.14%	8.00%	7.83%	4
芜湖市	7.14%	7.70%	8.09%	7.99%	8.30%	7.55%	7.80%	5
滁州市	6.37%	7.27%	7.35%	7.32%	7.52%	7.78%	7.27%	6
淮南市	7.24%	7.83%	7.34%	6.43%	6.23%	6.59%	6.94%	7
马鞍山市	6.00%	5.94%	7.48%	6.99%	7.14%	6.30%	6.64%	8
六安市	5.92%	6.17%	6.55%	7.29%	7.34%	6.39%	6.61%	9
蚌埠市	5.84%	6.38%	6.49%	6.89%	7.16%	6.78%	6.59%	10
阜阳市	5.29%	5.40%	5.94%	6.76%	6.88%	6.98%	6.21%	11
淮北市	6.46%	6.87%	6.04%	5.93%	5.56%	4.97%	5.97%	12
亳州市	4.20%	4.95%	6.09%	6.32%	6.60%	6.45%	5.77%	13
安庆市	4.30%	4.82%	5.59%	5.91%	5.52%	5.31%	5.24%	14
铜陵市	4.55%	5.08%	5.02%	5.32%	5.30%	4.95%	5.04%	15
宿州市	3.64%	4.09%	4.55%	4.76%	4.87%	4.39%	4.38%	16

注：排名为均值排名。

表 6-10 2011—2016 年安徽省各市宏观税负标准差排名

地区	2011	2012	2013	2014	2015	2016	标准差	排名
铜陵市	4.55%	5.08%	5.02%	5.32%	5.30%	4.95%	0.002815	1
合肥市	7.55%	7.48%	7.61%	8.22%	8.14%	8.00%	0.003244	2
芜湖市	7.14%	7.70%	8.09%	7.99%	8.30%	7.55%	0.004191	3
宿州市	3.64%	4.09%	4.55%	4.76%	4.87%	4.39%	0.004572	4
蚌埠市	5.84%	6.38%	6.49%	6.89%	7.16%	6.78%	0.004621	5
滁州市	6.37%	7.27%	7.35%	7.32%	7.52%	7.78%	0.004778	6
安庆市	4.30%	4.82%	5.59%	5.91%	5.52%	5.31%	0.005856	7
六安市	5.92%	6.17%	6.55%	7.29%	7.34%	6.39%	0.00586	8
淮南市	7.24%	7.83%	7.34%	6.43%	6.23%	6.59%	0.006211	9
宣城市	7.98%	8.72%	9.24%	9.49%	9.35%	8.26%	0.006218	10
马鞍山市	6.00%	5.94%	7.48%	6.99%	7.14%	6.30%	0.00647	11
淮北市	6.46%	6.87%	6.04%	5.93%	5.56%	4.97%	0.00667	12
黄山市	8.67%	8.50%	8.84%	8.47%	8.21%	6.93%	0.006895	13
阜阳市	5.29%	5.40%	5.94%	6.76%	6.88%	6.98%	0.007642	14
亳州市	4.20%	4.95%	6.09%	6.32%	6.60%	6.45%	0.009689	15
池州市	7.07%	8.84%	9.80%	9.11%	8.46%	3.88%	0.021499	16

注：排名为均值排名。

从表 6-9 可以看出：宣城市 2011—2016 年宏观税负平均值为 8.84%，为全省最高，而宏观税负平均值最低的市是宿州市，仅有 4.38%，相差了一倍多。而引起宏观税负差异巨大的原因主要有几点：其一，各市的第二、第三产业的发展状况不尽相同，产业的快速发展带动的税收收入的增长速度快于 GDP 的增长速度，从而拉动宏观税负的快速增长，导致各市的宏观税负差异巨大；宣城市、黄山市的第三产业发达，带动了宏观税负的增长。其二，经济运行质量的不同导致的宏观税负的巨大落差，目前各市的经济发展速度相对稳定，但经济运行质量的提高会带动企业的税收贡献额，从而宏观税负相应提高，反之亦然。合肥作为省会城市，经济运行质量相对较高。其三，各地的税收征管水平不尽相同，征管水平高征收率就高，从而拉动宏观税负的增长。

从表 6 - 10 可以看出：铜陵市 2011—2016 年宏观税负标准差为 0.002815，为全省最低，然后依次是合肥市、芜湖市和宿州市。经济发展水平决定税收，由于各地经济结构不同，经济发展水平不同，宏观税负也存在较大差异，税负指标在地区之间缺乏可比性，所以重点从宏观税负变动角度考察其对税收收入质量的反映。各市宏观税负变动六年标准差前五是铜陵市、合肥市、芜湖市、宿州市和蚌埠市，其标准差分别为 0.002815、0.003244、0.004191、0.004572、0.004621。从以上分析可以看出，地区宏观税负前五名都集中在安徽省中偏南地区，而宏观税负变动没有明显的地域特征。这说明，其一，皖南地区经济较发达，地区宏观税负较高，税收质量好，但税收收入质量提高速度偏弱于皖北地区。今后要加强税收管理理念、方式的创新，凭借互联网、大数据等提高税收效率，从而使税收质量不断提高；其二，皖北地区近五年宏观税负大，虽然税收总质量不如皖南地区，但近五年税收管理质量和效率不断提高，对税收的遵从不断提高、综合反应税收质量水平提升速度快。今后要在稳抓经济发展的同时不断借鉴发达地区的管理方式，与时俱进，从而不断提高本地区税收质量水平。另外，增值税、所得税等税种所实施的优惠政策也是造成税收收入占 GDP 比重下降的重要原因。从 2011 年来对税收收入影响最大的几大税收政策分别是小微企业税收优惠强度加大和征收率的调整，尤其是随着“营改增”的彻底完成，减税效应不断凸显。综合这几个因素不难发现，它们都是结构性减税政策，但 GDP 的增减并没有随之变化，所以造成 2016 年各市宏观税负变动下降或者反方向变动，而这种政策面的减收与本地税收质量水平无直接关系。

（二）税收弹性系数排名

通过统计年鉴和安徽省地税局获得安徽省各地市 2011—2016 年地区税收收入和地区生产总值，计算得出地区税收弹性系数。并根据六年数据平均值与弹性系数合理区间的中间值的距离进行排名，见表 6 - 11所列：

表 6－11　2011—2016 年安徽省税收弹性系数排名

地区	2011	2012	2013	2014	2015	2016	平均值	合理值差	排名
池州市	143.49%	333.39%	191.83%	18.31%	−40.93%	−64.67%	0.97	0.03	1
宣城市	116.63%	181.09%	155.84%	134.88%	74.14%	−28.36%	1.06	0.06	2
铜陵市	117.37%	249.23%	83.48%	208.17%	18.01%	−21.96%	1.09	0.09	3
合肥市	105.24%	92.62%	115.95%	183.31%	89.22%	73.86%	1.10	0.10	4
蚌埠市	151.41%	174.78%	111.74%	166.56%	149.29%	−43.20%	1.18	0.18	5
安庆市	132.61%	217.29%	465.26%	171.46%	−45.39%	−187.73%	1.26	0.26	6
滁州市	169.15%	214.14%	108.68%	95.29%	139.13%	42.92%	1.28	0.28	7
黄山市	200.12%	81.79%	141.24%	42.19%	31.12%	−96.77%	0.67	0.33	8
芜湖市	180.32%	168.51%	146.75%	85.99%	163.82%	164.52%	1.52	0.52	9
阜阳市	200.75%	119.26%	180.19%	283.67%	126.89%	67.62%	1.63	0.63	10
六安市	167.10%	137.02%	159.99%	262.78%	117.23%	162.34%	1.68	0.68	11
宿州市	229.19%	200.27%	205.27%	147.02%	130.07%	120.52%	1.72	0.72	12
亳州市	222.55%	243.75%	282.19%	150.93%	172.38%	−36.24%	1.73	0.73	13
马鞍山市	223.21%	84.57%	1019.21%	−39.78%	190.10%	−46.09%	2.385	1.39	14
淮南市	182.15%	196.36%	−23.48%	622.39%	340.31%	116.46%	2.39	1.39	15
淮北市	150.20%	161.02%	7.51%	70.62%	−5984.51%	−0.81%	−9.33	10.33	16

注：排名为均值排名。

从表 6－11 可以看出：安徽省各市税收弹性系数排名最好的是池州市，其六年的平均值为 0.97，距离经济学界认为的弹性系数合理区间0.8～1.2的中间值 1 相差 0.03。然后依次是宣城市、铜陵市、合肥市和蚌埠市，距离合理区间中间值相差分别为 0.06、0.09、0.10 和 0.18。从总体排名来看，皖北大部分地级市如淮南市、淮北市等排名靠后，皖南地级市如池州市和宣城市占据排名前列，可知皖南地区相较于皖北地区税收弹性系数较好，税收与经济增长轨迹偏差程度低，协调性高，综合反映皖南地区理论税收实现程度好，税收收入质量较高。皖北地区应在税收政策方面进行调整，减小税收弹性系数，提高税收质量，使经济增长与税收增长共同发展。

三、直接税增长能力的指标排名

中共十八届三中全会对税制改革的目标要求之一是逐步提高直接税收入比重，直接税的比重情况反映地区的税制结构和税源增长潜力。课题组通过统计年鉴和安徽省地税局获得安徽省各地市 2011 年到 2016 年地区企业所得税、个人所得税和地区税收收入，并用个人所得税和企业所得税代替直接税计算得出直接税收入占比及其变动率，并根据六年数据平均值进行排名，见表 6 - 12 所列。

表 6 - 12 2011—2016 年安徽省各市直接税收入占比系数排名

地区	2011	2012	2013	2014	2015	2016	平均值	排名
合肥市	13.70%	13.49%	12.44%	12.86%	13.60%	14.60%	13.45%	1
芜湖市	12.66%	11.92%	11.25%	11.66%	11.62%	10.89%	11.67%	2
淮北市	15.47%	15.92%	12.00%	7.68%	7.33%	7.99%	11.07%	3
铜陵市	9.80%	10.81%	10.88%	10.47%	9.20%	8.30%	9.91%	4
淮南市	11.59%	9.98%	9.04%	9.12%	11.05%	9.07%	9.98%	5
安庆市	9.34%	10.04%	10.53%	10.00%	8.98%	8.98%	9.65%	6
六安市	9.90%	9.44%	8.95%	8.82%	7.96%	8.19%	8.88%	7
滁州市	9.81%	8.22%	8.33%	9.55%	8.98%	7.77%	8.78%	8
宿州市	7.67%	7.20%	8.27%	9.60%	8.66%	7.87%	8.21%	9
马鞍山市	8.75%	8.60%	6.74%	8.85%	8.06%	8.34%	8.22%	10
阜阳市	8.36%	9.51%	7.66%	7.02%	7.43%	7.64%	7.94%	11
宣城市	9.24%	7.70%	6.95%	7.75%	7.72%	7.75%	7.85%	12
黄山市	8.35%	9.34%	7.61%	7.22%	6.47%	7.32%	7.72%	13
蚌埠市	8.25%	7.76%	7.64%	7.77%	6.70%	6.89%	7.50%	14
亳州市	6.96%	7.19%	6.60%	7.76%	8.15%	7.80%	7.41%	15
池州市	8.46%	7.52%	5.56%	5.82%	5.81%	5.79%	6.49%	16

注：排名为均值排名。

2011—2016 年合肥市直接税占比平均值为 13.45%，为全省最高，然后依次是芜湖市、淮北市、铜陵市和淮南市。从直接税占比变动率来看，六年平均值前五名排名为宿州市、合肥市、淮南市、宣城市和亳州市，其数值依次为 3.15%、2.83%、2.27%、1.83%和 1.05%，见表 6-13 所列。从直接税占比和变动率来看，安徽各地级市没有因为地域因素出现明显的区域划分，但是从总体直接税占比来看，直接税占比相较于经济发达地区仍有一定的距离，处于较低水平。其中个人所得税占比更低，短期内大幅度提高个人所得税有很大的难度，为了实现直接税占比的提高，优化税收收入质量的目标，现阶段降低间接税收入的比重比较有效。安徽各地市要紧跟中央改革步伐，稳步提高直接税比重，优化税制结构，从而使本地区整体的税收质量水平提高。

表 6-13　2011—2016 年安徽省各市直接税收入占比变动率排名

地区	2011	2012	2013	2014	2015	2016	平均值	排名
宿州市	13.01%	−6.12%	14.75%	16.18%	−9.82%	−9.10%	3.15%	1
合肥市	9.76%	−1.58%	−7.75%	3.36%	5.79%	7.37%	2.83%	2
淮南市	32.73%	−13.92%	−9.36%	0.81%	21.24%	−17.91%	2.27%	3
宣城市	25.94%	−16.63%	−9.77%	11.58%	−0.49%	0.36%	1.83%	4
亳州市	−7.13%	3.32%	−8.29%	17.72%	4.94%	−4.27%	1.05%	5
六安市	24.15%	−4.61%	−5.21%	−1.48%	−9.72%	2.84%	1.00%	6
安庆市	8.63%	7.57%	4.86%	−5.04%	−10.17%	−0.04%	0.97%	7
阜阳市	10.53%	13.77%	−19.45%	−8.43%	5.87%	2.81%	0.85%	8
滁州市	14.31%	−16.22%	1.37%	14.62%	−5.94%	−13.15%	−0.84%	9
马鞍山市	−10.67%	−1.72%	−21.58%	31.22%	−8.92%	3.43%	−1.37%	10
铜陵市	6.06%	10.32%	0.66%	−3.80%	−12.10%	−9.80%	−1.44%	11
蚌埠市	5.75%	−5.95%	−1.55%	1.74%	−13.70%	2.85%	−1.81%	12
黄山市	−4.75%	11.81%	−18.55%	−5.05%	−10.43%	13.20%	−2.30%	13
芜湖市	−2.74%	−5.87%	−5.62%	3.68%	−0.37%	−6.28%	−2.87%	14
池州市	12.49%	−11.11%	−26.17%	4.83%	−0.22%	−0.39%	−3.43%	15
淮北市	22.03%	2.89%	−24.60%	−36.05%	−4.58%	9.03%	−5.21%	16

注：排名为均值排名。

参考文献

[1] 安徽省统计局 .2017 年全省经济运行情况 . [DB/OL] . http://www. ahtjj. gov. cn/tjjweb/web/info _ view. jsp? strId=426deac87a1f47519a893ef30900edab&strColId=13786944709207185&strWebSiteId=13781720451562390& _ index=1.

[2] 安徽省统计局 .2016 年全省经济运行情况 . [DB/OL] . http://www. ahtjj. gov. cn/tjjweb/web/info _ view. jsp? strId = 1485142445108262&strColId = 13786944709207185&strWebSiteId=13781720451562390& _ index=1.

[3] 降税减费，今年将超一万亿 . [DB/OL] . 人民日报，2018-03-08，http://www. ahcz. gov. cn/portal/czdt/gncj/1520455338032584. htm.

[4] 2016 年、2017 年国民经济和社会发展统计公报 . 国家统计局网站 .

[5] 2016 年、2017 年安徽省国民经济和社会发展统计公报 . 安徽省统计局网站 .

[6] 关于安徽省 2017 年预算执行情况和 2018 年预算草案的报告 . [DB/OL] . http://www. ahcz. gov. cn/portal/zwgk/cwyjs/czysbg/1518122527674441. htm.

[7] 财政运行平稳　收入增速加快 . [DB/OL] . http://www. ahcz. gov. cn/portal/czdt/gncj/1516912919343382. htm.

[8] PPP：布局 2018 各地财政在行动 . [DB/OL] . http://www. ahcz. gov. cn/portal/czdt/gncj/1515444190119157. htm.

[9] 2017—2010 年安徽省统计年鉴 . 安徽省统计局网站 .

[10] 吴冬雯. 2016 年地方政府债券交易分析及流动性改善建议 [J]. 经济纵横，2017 (8) .

[11] 陈宝东，邓晓兰 . 财政分权、金融分权与地方政府债务增长 [J]. 财政研究，2017 (5) .

[12] 刁伟涛 . 纵向博弈、横向竞争与地方政府举债融资及其治理 [J]. 当代经济科学，2017 (9) .

[13] 郑洁，左翎 . 地方政府性债务结构性风险及其治理研究 [J]. 财经问题研究，2016 (7) .

[14] 贾晓俊，顾莹博 . 我国各省份地方债风险及预警实证研究 [J]. 中央财经大学学报，2017 (3) .

[15] 武彦民，竹志奇 . 地方政府债务置换的宏观效应分析 [J]. 财贸经济，2017 (3) .

[16] 李一花，亓艳萍 . 地区财政能力、引资竞争与地方债规模研究 [J]. 当代财经，2017 (1) .

[17] 郑洁，仲熠辉 . 我国地方政府自主发债的风险治理路径选择 [J]. 宏观经济研究，2017 (8) .